Guillén de Castro

El Narciso
en su opinión

Barcelona **2024**
Linkgua-ediciones.com

Créditos

Título original: El Narciso en su opinión.

© 2024, Red ediciones S.L.

e-mail: info@linkgua-ediciones.com

Diseño de cubierta: Michel Mallard.

ISBN tapa dura: 978-84-1126-269-9.
ISBN rústica: 978-84-9816-251-6.
ISBN ebook: 978-84-9897-242-9.

Sumario

Brevísima presentación

La vida

Guillén de Castro (Valencia, 1569-Madrid, 1631). España. Fue capitán de caballería, gobernador de Scigliano en Nápoles y en Madrid secretario del marqués de Peñafiel. Muy cercano a Lope de Vega, formó parte de la Academia de los nocturnos, la única academia que publicó en actas los poemas discutidos durante sus reuniones semanales y que radicó en Valencia entre 1591 y 1593. Murió en la pobreza y un tanto olvidado.

Además de El conde Alarcos, de tema caballeresco; escribió comedias inspiradas en obras de Cervantes, entre las que cabe citar: Don Quijote de la Mancha, El curioso impertinente y La fuerza de la sangre. También son dignas de mención El amor constante, tragedia familiar que justifica la muerte de los tiranos.

El teatro de Guillén de Castro se caracteriza por su técnica sobria y una hábil versificación, el drama psicológico y la complejidad emotiva.

Personajes

Don Gonzalo
Don Gutierre
Don Pedro
Doña Brianda
Doña Inés
Doña Mencía
Dos criados
El Marqués
Lucía, criada
Otro Paje
Tadeo, lacayo
Un Escudero
Un Paje

Jornada primera

(Salen Don Gutierre y Tadeo, lacayo.)

Gutierre
¿Fue un paje con el recado
a mi hermana?

Tadeo
Bien, por Dios,
y a importar que fueran dos,
el otro fuera prestado,
o fuera yo a la visita;
que soy, en talle y en traje,
siendo, entre lacayo y paje,
un criado hermafrodita.

Gutierre
Entre necio y mentecato
eres más.

Tadeo
No es maravilla.
Dame, dame esa ropilla;
¡qué bien me asienta el zapato!

Tadeo
Es famoso encubridor
de los juanetes lo romo.
¡Bella usanza!

Gutierre
Necio, y ¿cómo?
¿Téngolos yo?

Tadeo
No, señor;
tiéneslos como la palma.

(Aparte.)
(Y tiene, grandes y tiesos,
en los pies más sobrehuesos
que un mal casado en el alma.)

Gutierre	De molde vino el jubón, bien está.
Tadeo	Lo mismo digo, pues te hace hasta el ombligo la barriga de algodón; que vuelva la usanza temo de aquellos tiempos.
Gutierre	Así. ¿No está muy bien?
Tadeo	Señor, sí; pero a ser con el extremo que algunos, dijera mal —y no me hubiera engañado— que el ver un hombre preñado no es cosa muy natural.
Gutierre	Toma el espejo; extremado está el cuello.
Tadeo	Y en ti puesto, de manera está compuesto, que más parece criado.
Gutierre	Baja más, ponle en el suelo; bien el calzón acomodo con la liga.
Tadeo	Canta todo.
Gutierre	¡Oh Madrid, tierra del cielo,

y qué bien logrado es
en ti el talle y gentileza
que dio la naturaleza
de la cabeza a los pies!
    ¿Bien puesto el cabello va?

Tadeo (Aparte.)   En los cascos. (Así esté
lo que adentro no se ve
como lo que afuera está.)

    ¿Bueno está el bigote?

Tadeo   Bueno,
pero sobrado le cuesta
al que, como tú, se acuesta
como braquillo con freno.

Gutierre   Dame esa capa; el sombrero,
¿no es muy a la usanza?

Tadeo   Y es
flamante y del portugués.

Gutierre   Otra vez mirarme quiero.

Tadeo   Gustarás mucho de verte.

Gutierre   ¿No ves que cuando me veo
la medida del deseo,
me contenta con mi suerte?

Tadeo (Aparte.)   (Por los aires anda el seso.)
Solo tú estás bien con ella.

Gutierre	Tengo yo felice estrella.
	Recelo algún mal suceso,
	si es verdad lo que se dice
	de aquel, ¿cómo se decía,
	que dio a la muerte más fría
	la vida más infelice;
	pues que se mató bebiendo,
	y no menos que agua pura,
	perdido por su hermosura
	en la fuente.
Gutierre	Ya te entiendo
	Narciso. Dudoso estoy
	si esto es verdad.
Tadeo	Serlo puede.
Gutierre	Por lo que a mí me sucede,
	algún crédito le doy.
Tadeo	Luego, ¿impulsos has tenido
	de Narciso?
Gutierre	Y con razón,
	pues tengo tanta ocasión;
	pero soy más entendido.
Tadeo	Guardáraste de las fuentes
	con cuidado.
Gutierre	Al menos dejo
	muchas veces el espejo
	por huir de inconvenientes.

Tadeo (Aparte.)   (El hombre está rematado.)

Y ¿sabrásme declarar
cómo un hombre puede estar
de sí mismo enamorado,
    y hecho de su fuego abismo,
por sí mismo desvelarse,
descomponerse, abrasarse
y apetecerse a sí mismo?

Gutierre   Eso disparate fuera,
pero al mirarme me holgara
si una mujer alcanzara
que en todo me pareciera.

Tadeo   ¿Aunque fuera tan barbada
como tú?

Gutierre   Siendo mujer,
ya se ve cuál ha de ser
la que miro imaginada,
    por lo cual dije que dejo,
no admitiendo la esperanza,
de buscar mi semejanza,
al cuidado y el espejo.
    Quita y pon.

Tadeo   ¿Hay tal locura?

Gutierre   ¿La cadenilla?

Tadeo   Aquí está.
Ésta sí que llevará
más ojos que tu hermosura.

Gutierre	Sin ella fuera bastante
	mi talle: mas dame pena
	verme el cuello sin cadena,
	y la mano sin diamante.
Tadeo	En eso tienes razón;
	que entre el hablar y el sentir,
	ese brillar y lucir
	grandes llamativos son.
	Mas con brindis semejantes,
	mira que a dar te condenas
	cada día cien cadenas,
	cada hora cien diamantes,
	o a ser en Madrid tenido
	por avaro, pues dispones
	otras tantas ocasiones,
	que no te dejarán corrido.
Gutierre	No haré tal, pues con tan buenos
	gustos, que toman verás
	de mí lo que siendo más,
	saben que me cuesta menos.
	Y así, con bríos ufanos,
	de estas prendas los despojos
	pienso dar a muchos ojos
	y negar a muchas manos.
Tadeo	¡Oh, qué gentil arrogancia!
	Perecerá tu justicia,
	que vanidad y avaricia
	hacen grande repugnancia.

(Sale don Gonzalo.)

Gonzalo	Primo, es hora de advertiros que es tarde; pero, ¿por qué me maravillo, pues sé lo que tardáis en vestiros? Bravo estáis, por vida mía.
Gutierre	Quizá recibís engaños.
Gonzalo	Cortesano de mil años parecéis.
Gutierre	Soylo en un día; que esto más puede y allana de la Corte donde estamos la grandeza, pues llegamos anoche, y esta mañana, casi sin buscarlos, vi en un punto prevenidos, sin número, los vestidos, como hechos para mí, y compré dos, que me están a medida del deseo.
Gonzalo	Y según eso os veo de cortesano y galán, cesará la competencia, en la Corte, entre mí y vos, que, aunque tan primos los dos, teníamos en Valencia.
Gutierre	Bien habéis hecho en rendiros y mudar de pensamiento, donde hay más conocimiento

de galas.

Gonzalo   Gusto de oíros;
mas es soberbia por Dios,
y por ella, aunque no importe,
habéis de ver que en la corte
vuelvo a competer con vos,
   pues hice ya prevenciones.

Tadeo   ¿Cuáles son? ¿Habláis de veras?

Gonzalo   Entre cuatro faltriqueras
repartidos mil doblones.

Tadeo   Pese a tal, a eso me ajusto.

Gonzalo   Y echando por el atajo,
pienso con menos trabajo
comprar no tan caro el gusto.

Gutierre   ¿Y cómo gusto comprado
pensáis que lo puede ser?

Tadeo   Es amante mercader.

Gonzalo   Debo tenerle estragado;
   pero en la corte ver quiero,
de mí a vos, cuál más conquista,
dando galas a la vista,
o a la esperanza dinero;
   pero han de ser excusados
entre los dos los enojos,
si en quien vos ponéis los ojos
envío yo los recados.

Gutierre	Sea así, y un desengaño veréis presto en mi verdad.

Tadeo	Yo ayudo con la mitad,
	si apostáis. ¡Gracioso engaño!
	   Vencerá la parte tuya,
	aunque él sea un Cicerón,
	y un Narciso en la opinión
	de todos, como en la suya.
	   ¡Qué confianza tan loca!
	¡Qué locura tan notable!
	En Madrid oro y potable
	desde la mano a la boca,
	   los estados califica,
	los corazones granjea,
	los ánimos lisonjea
	y las sangres purifica.
	   Es de las damas espejo,
	triaca de la malicia,
	tirano de la justicia,
	consejero del consejo.
	   Es ídolo de las gentes,
	alivio de los afanes,
	oprobio de los galanes,
	cuchillo de los valientes,
	   vergüenza de los discretos
	injuria de los honrados,
	suspensión de los cuidados
	y causa de los efectos.
	   Es refulgente, es hermoso,
	es hidalgo, es bien nacido,
	es pujante, es atrevido,
	es valiente, es poderoso,

es piadoso y es cruel;
y ya afable o ya importuno,
del Rey abajo ninguno
es tan bueno como él;
    pero tú, pues te acomodas,
rendirás más corazones
con el son de dos doblones
que no él con sus galas todas.

Gutierre
    Calla, necio, que infinito
me enfadas; ello dirá.

Gonzalo
Y yo también, bueno está,
a las obras lo remito.

Gutierre
    ¿Ha sabido que llegamos
nuestro tío?

Gonzalo
            Está enojado
de no habernos apeado
en su casa.

Gutierre
            Pues digamos
    que el llegar llenos de lodo
y tarde, la causa fue;
a mi hermana le envié
un paje.

Gonzalo (Aparte.)
            (Y mi alma y todo
    la llevo, por quien destierra
todas las penas que pasa.)

Gutierre
¿Si habrá ya vuelto a su casa,
de su consejo de guerra,

nuestro tío?

Tadeo   Explorador
iré a ser, y mientras llego,

Gutierre   Ve luego.

Tadeo   Y buen ánimo, señor;
que en la competencia espero
que has de probar como un Cid.

Gutierre   A las damas de Madrid
daré amor.

Gonzalo   Y yo dinero.

(Vanse. Salen doña Brianda y Lucía por una puerta, y por otra el Marqués.)

Brianda   Mira por esa ventana
si viene.

Lucía   Está sin recelo.

Marqués   Sal del mundo, Sol del cielo,
bien divino en forma humana.

Brianda   Aunque tuya, marqués mío,
la misma desdicha soy.

Marqués   ¿Por qué, mi bien?

Brianda   Muerta estoy,
sin fuerza en el albedrío,
sin paciencia en el despecho,

sin valor en los agravios;
sin palabras en los labios,
solo amor tengo en el pecho.
    Mis dos primos han llegado,
y de mi padre el intento
ya lo sabes.

Marqués   Ya me siento
en ese fuego abrasado;
    ya estoy con ansia encogida
en ese rigor perdido,
sin seso para el sentido,
sin alma para la vida,
    sin fuerza para el dolor,
de todo remedio ausente,
pues como tú solamente
en el pecho tengo amor.
    ¿Puede ser que me destruya
tu cruel padre, pues desvía
el llegar la mano mía
a ser lazo de la tuya?
    Fuera de no estar cubierto
delante el rey, ¿ha llegado
ninguno a tener estado
ni más rico ni más cierto?
    ¿No hubiera yo merecido,
siendo tuyo, el ser tu esposo,
si naciera tan dichoso,
como nací bien nacido?
    Pues, ¿por qué abate mi amor?
¿Por qué me tiene en tan poco?

Brianda   No hace tal, que no está loco;
antes recela, señor,

viendo la grandeza tuya,
que en tu casa, en tu poder
fuera cierto oscurecer
los blasones de la suya;
 y así, quiere darme a un hombre
que tenga estado menor,
en quien conserve mejor
su mayorazgo y su nombre.
 En esto solo fundó
el matarme con dejarte.

Marqués ¿Esposo al fin quiere darte
que valga menos que yo?
 En eso, mi bien, verás
lo que desdichado he sido,
pues a mí solo han tenido
en menos por valer más.

Brianda Muerta en mi desdicha estoy;
pero ten seguridad
que, aunque muera en su crueldad,
seré tuya, pues lo soy;
 que cuando en tanta aspereza
no haya remedio mejor,
aunque le sobre rigor,
no ha de faltarme firmeza.

Marqués Ya con tal ofrecimiento,
no solo, mi cielo hermoso,
no estoy muerto de quejoso,
pero estoylo de contento.
 Ya vivo en tu confianza,
pues si mi ventura ve
que no te falta la fe,

será un monte mi esperanza.

Brianda   Habla paso.

(Sale Tadeo.)

Lucía   Atrevimiento
es ése.

Tadeo   No hay que dudar.

Lucía   ¿Qué quieres hacer?

Tadeo   Entrar
hasta el último. aposento.

Lucía   ¿Estás loco? ¿Dónde vas?

Tadeo   Bien preguntas.

Lucía   ¿Qué hacer quieres?

Tadeo   Después de entrar.

Lucía   Di quién eres.
Di quién eres. ¿Búrlaste?

Tadeo   Pregunta más.

Lucía   ¿Qué haces?

Tadeo   Pregunta.

Lucía   Ten;

	esto de locura pasa.
Tadeo	Soy de casa.
Lucía	¿Y quién de casa?
Tadeo	Bien preguntas; oye quién. Soy lacayo del sobrino cuyo tío es, por ser suyo, tan mi amo como tuyo. Y esta escalera imagino con bastantes escalones para subirme y entrar.
Lucía	¿Qué es aquéllo?
Tadeo	Hasta el hablar, me sabe bien a empujones.
Lucía	Digo que gastas humor atrevido y extremado.
Tadeo	Diómele para el recado don Gutierre, mi señor.
Brianda	Temo que lacayo sea de mi primo y de mi daño.
Marqués	Pues, ¿qué haremos?
Brianda	No me engaño. Pesárame que te vea; no estés con pecho cobarde.

Marqués	¿Cómo, si te tengo en él?
Brianda	Tú disimula con él; que yo me voy.
Marqués	Dios te guarde.

(Vase doña Brianda.)

Tadeo	Ya estás menos ofendida y enojada.
Lucía	Es cierta cosa, pues que me llamaste hermosa.
Tadeo	Fue palabra muy sentida.
Lucía	Fueron las satisfacciones muy bastantes.
Tadeo	Yo me holgara si, como tu buena cara, tuvieran buenas razones. ¿Quién es este caballero?
Lucía	Un marqués que está esperando a don Pedro, mi señor.
Tadeo	Cansaráse de esperarlo; que el esperar es morir.
Marqués	No me enojo, aunque me canso; pero decidle, señora, que yo no pequeño rato

le esperé para decirle
que favorezca un soldado,
a quien debo obligaciones,
y que volveré de espacio.

Lucía   Serviré a vueseñoría.

(Vase Lucía.)

Tadeo   Y yo y todo, porque gasto
buen humor y buena prosa.

Marqués   Y aun el donaire no es malo.
¿De dónde sois?

Tadeo   Debo ser
entre español y gabacho;
de Francia a Valencia vine,
y vióme de pocos años
la plaza de la Olivera
atambor y abanderado.

Marqués   ¡Buenos cargos!, ¿y os llamáis?

Tadeo   Tadeo, el primer lacayo
de mi nombre.

Marqués   Así lo creo;
y ¿servís?

Tadeo   Sigue mis pasos
don Gutierre, mi señor,
caballero valenciano.

Marqués	¿Es principal caballero?
Tadeo	Así tuviera los cascos como los abuelos tuvo.
Marqués	¿Murmuráis de vuestro amo?
Tadeo	Así el hacerlo me toca para parecer criado.
Marqués	¿Es rico?
Tadeo	Pudiera serlo, que es varón calificado; señor es de seis aldeas, pero con empeños tantos, que los vasallos se come, crudos, cocidos y asados.
Marqués	¿Es liberal?
Tadeo	¿Liberal? No vieron ojos humanos en su casa pasajeros y en su mesa convidados.
Marqués	¿Tiene caballos?
Tadeo	No tiene; pero aunque muera rabiando de hambre, no dejará de tener machuelo o macho. Tiene impulsos de arriero, cuyas causas le inclinaron

a géneros de animales
transversales y bastardos.
Yo solo le conocí
de poco precio un caballo,
que le sirvió pocos días,
y hubo de venderlo manco;
porque la carga de un necio
es insufrible trabajo.

Marqués   Pues, ¿en qué gastó su hacienda?

Tadeo   Tiene el humor más extraño
                           que vieron las tres edades.
(Aparte.)   (Pienso que me voy picando.)

Marqués   Proseguid, por vida mía;
                           ¿cómo se perdió?

Tadeo   Jugando
                           a la pelota de viento
                           partidos disparatados;
                           y a los trucos, sin saber
                           tomar en la mesa el taco,
                           le vi perder muchas veces
                           a mil y a dos mil ducados;
                           y fabricando vestidos
                           en mala Luna cortados,
                           pues fue la de su cabeza,
                           ya creciendo, ya menguando.
                           Una vez le vi poner
                           sobre un vestido de paño
                           más de seis mil quinientos
                           botones abellotados.
                           Y sucedióle después

de ser excesivo el gasto,
ser ridículo el vestido,
y quedar él muy ufano.
Por comprar una carroza
se cargó diez violarios
que a los censos de por vida
ansí en Valencia llamamos
y dos caballos frisones,
con un cochero borracho,
desafiaron los vientos,
y por una puente abajo
dieron con todo al través,
y un portalero mataron
a lanzadas como moro,
y entre puertas, como gato.
Gastó también ciegamente
haciendo caminos largos
por ver solo una mujer,
a quien no tocó una mano,
por dar a entender no más
que era escogido y llamado
de una mujer que en la corte
los príncipes celebraron.

Marqués   Luego, ¿préciase de lindo?

Tadeo   Aunque gastara mil años
en decir lo que hay en eso,
me sobraran cuentos largos.
Un Narciso en su opinión
es, tan tierno enamorado
de sí mismo, que a su sombra
suele alargarle los brazos.
Con estas satisfacciones,

muy arrogante y muy falso,
de cuantos ojos le miran,
torcidos o regalados,
piensan que le arrojan fuego,
y que deja enamorados
sus dueños, que por ventura
su locura celebraron;
y entre confusas ideas,
pueden tanto sus engaños,
que cuenta por sucedidos
los gustos imaginados;
así se mira y se goza
más contento que engañado,
pensando que hasta las bestias
se les lleva los cuidados.
Y no es patraña, por Dios.
Escucha un cuento galano.
En Valencia, yendo un día
por una calle, encontramos
una mula de un doctor
a la puerta de un letrado;
la cual volvió la cabeza
a la que los dos pasamos,
mascando freno y espuma,
gruñendo y orejeando;
y él dijo, muy en su seso:
«¡Ah, Tadeo! ¿No has notado?
¡Hasta las mulas, por Dios,
me miran con ojos claros!»

Marqués   Donoso extremo, a fe mía;
graciosamente has contado
los milagros de su vida.

Tadeo	Quisiera ser un milagro empleado en tu servicio, mas cuéntame por tu esclavo.
Marqués (Aparte.)	Amigos hemos de ser; adiós. (Moriré si falto sin ver mi gloria al salir.)
(Vase.)	
Tadeo	Por lo que me has escuchado beso mil veces tus pies; que parece que descanso el corazón cuando cuento disparates de mi amo.
(Sale Lucía.)	
Lucía	Apercíbete a pedir albricias; que ya se apea mi amo.
Tadeo	En buen hora sea; mas tú volviste a salir solo por volverme a ver.
Lucía	A lo menos por oírte solemnizarte y servirte.
Tadeo	¡Qué buen gusto de mujer!
Lucía	¿Luego imaginas que estoy perdida por tus amores?

Tadeo	Repito los borradores de mi amo, necio soy.
Lucía	De la cabeza a los pies eres bellaco.
Tadeo	Y por ello ya tuyo.
Lucía	Veréme en ello, adiós.

(Vase Lucía.)

Tadeo	Juguetona es.

(Sale don Pedro, y criados con él.)

Criado	Quejábase aquel soldado con razón.
Pedro	Ansí es verdad. Provea su majestad mi plaza; que estoy cansado de ver ya las cosas tales, que vienen a ser mejores los billetes de señores que fees de los generales; que, como toda mi vida serví en Flandes, en campaña, sé lo que luce una hazaña y lo que cuesta una herida; y oféndeme el ver tan llano valer con razón sucinta,

más que la sangre la tinta,
por venir de buena mano.
   Con razón estos rigores
apuran muchas paciencias,
y no sé con qué conciencias
los grandes y los señores
   les quitan a los soldados
mercedes y honras sin tasa,
para pagar de su casa
los servicios mal pagados.
   Disculpados desatinos
dicen los soldados.

Tadeo   Voy.

Pedro   ¿Quién eres?

Tadeo   Lacayo soy
común de tus dos sobrinos
   que anoche llegaron.

Pedro   Ya
lo he sabido.

Tadeo   Yo busqué
su posada y no la hallé.

Pedro   Para que yo fuera allá;
   del no venirse apear
a esta su casa me quejo.

Tadeo   Por no venir en bosquejo
se quisieron retocar;
   mas por la falsa entraron

ahora, y ellos darán
su disculpa.

Pedro   Enmendarán
con su vida lo que erraron.

Tadeo   Mas no porque van llegando
perderé en esta ocasión
las albricias.

Pedro   Ni es razón.

Tadeo   Ya las pido.

Pedro   Yo las mando.

(Salen don Gutierre y don Gonzalo.)

Gutierre   ¿Si habrá ya llegado?

Gonzalo   Él es.

Pedro   ¡Sobrinos!

Gutierre   ¡Señor!

Gonzalo   ¡Señor!

Pedro   Hijos dijera mejor.

Gutierre   Danos la mano.

Gonzalo   Y los pies,
para que así nos perdones

lo que tardamos.

Pedro

Llegad
el pecho y tomad, tomad
abrazos y bendiciones.
    Llama a Brianda y Mencía,
vengan, vengan al momento;
que es muy grande este contento,
y repartirle querría.

(Va un Criado.)   ¿Cómo venís?

Gutierre

Los caminos
nos han tratado muy mal;
con fríos.

Pedro

¿Quién dice tal?
En tales años, sobrinos,
    cuando se anima la edad
con el juvenil valor,
¿tienen frío, ni calor
los hombres?

Gonzalo

Así es verdad;
    y mi primo por sí habló,
porque yo no lo sentí.

Gutierre

Aunque confieso que sí,
bien pude pasarle yo.

Tadeo (Aparte.)

    (Con el fieltro y mascarilla,
que la tez le conservara,
porque piensa que es su cara
la flor de la maravilla,

34

y es un puro cordobán.)

Pedro   Galanes venís y buenos;
vos, don Gutierre, a lo menos,
tan del todo estáis galán,
   que pueden pensar de vos
que así, calzado y vestido,
de la corte habéis nacido;
galán sois.

Gutierre   Débolo a Dios;
   y yo de serlo me precio
con particular cuidado.

Pedro (Aparte.)   (Si este mozo es confiado
y no es loco, será necio.)
   Si así el acero os ponéis,
si así las armas jugáis,
como las galas lleváis,
gran caballero seréis.

Gutierre   También sé blandir la espada
y sabré terciar la pica;
que a cualquiera cosa se aplica
mi persona ejercitada;
   bien mis fuerzas acomodo
a todo.

Pedro   ¿Así? Dios os guarde.

Gonzalo   No hay valenciano cobarde.

Pedro (Aparte.)   (En todo el mundo hay de todo.)

Gonzalo (Aparte.) (Ya el humor le ha conocido
mi tío, pues le ha mirado
entre atento y admirado.)

Tadeo (Aparte.) (¡Qué falso está y qué engreído!)

(Salen doña Brianda y doña Mencía.)

Pedro Brianda, tus primos tienes
ya en tu casa, a verlos llega.
Mencía, tu hermano y primo
logran la esperanza nuestra.

Brianda Sean mis primos bien venidos.

Mencía Tan dichosamente vengan
como alegre los recibo.

Gutierre Señora, a tus pies merezca
tu mano.

Brianda ¡Primo, señor!

Gonzalo ¡Prima!

Mencía ¡Primo!

Gonzalo ¡Ah, quién pudiera
apretar más este abrazo!

Mencía Sirvan los ojos de lengua.

Pedro De don Gutierre fue padre,
que Dios en el cielo tenga,

don Alonso, hermano mío,
cuyo mayorazgo hereda.

Gonzalo   Participe yo también
de tu mano.

Brianda   Bueno fuera
no darte también los brazos.

Gutierre   ¿Hermana?

Mencía   Hermano, ¿que pueda
abrazarte? Aún no lo creo.

Tadeo (Aparte.)   (Ya los ojos se le lleva
su prima.)

Pedro   Y de don Gonzalo
fue mi hermana doña Elena
madre y gran hermana mía,
que ya del cielo es estrella.
Sentémonos. ¡Hola, sillas!
Y luego quiero que sepan
mis sobrinos la ocasión
que los trujo de Valencia.

(Siéntanse y todos hablan aparte.)

Brianda   Ya comienzan mis temores.

Mencía   Ya mis recelos comienzan.

Gonzalo   En mi prima tengo el alma.

Gutierre	¡Qué soberana belleza!
Brianda	¡Qué afectado caballero!
Gutierre	¡Qué declarada, qué tierna,
	sus ojos puso en los míos
	con igual correspondencia!
	Ya pica el pece, por Dios.
Tadeo	Sin duda mi amo piensa
	que ya es suya, y atribuye
	lo que es desaire a terneza.
Pedro	Yo, como sabéis, sobrinos,
	aunque mayorazgo era
	en la casa de mis padres,
	pudieron sacarme de ella,
	casi en pueriles años,
	sin su gusto y con mi Estrella,
	la inclinación de las armas
	y el bullicio de la guerra.
	Pasé a Flandes, y probé
	tan dichosamente en ellas,
	que fui añadiendo blasones
	a mi heredada nobleza.
	Llegué a ser maese de campo
	con la misma ligereza
	que yo tuve en dilatar
	mi opinión y mi experiencia.
	Por mi mujer merecí
	a una señora flamenca,
	tan principal como rica
	y tan casta como bella;
	pero llevósela el cielo,

habiendo sido en la tierra
tal, que solas sus memorias
hacen mis entrañas tiernas.
Dejóme a solo Brianda;
vine a la corte con ella,
habiendo servido en Flandes
pasan los años de treinta,
por lo cual su Majestad,
así en honras como en rentas,
me hizo grandes mercedes,
aunque mayores promesas,
después de hacerme también
de su consejo de guerra.
Recién llegado a Madrid,
porque sola no estuviera
Brianda, vino Mencía,
por mi gusto, de Valencia,
que ha ya dos años y más
que le acompaña y consuela.
Y ahora, viendo mi edad
tanto a los tiempos sujeta,
que parece que los años
a la muerte lisonjean,
y queriendo disponer
con mi voluntad postrera
de mi alma, de mi hija,
de mi estado y de mi hacienda;
aunque a Brianda me piden
con aplauso y competencia,
en la corte más señores
que su fama tiene lenguas;
temiendo en lo porvenir
que mi nombre se oscurezca,
si no entre hazañas mayores,

entre mayores grandezas;
y previniendo también
que en mi patria no se pierdan
de mi casa los blasones,
aunque en la ajena florezcan,
quiero, tomando consejo
de mi madura experiencia
pues mi mayorazgo vale
más de doce mil de renta,
que se conserve en mi nombre
y que se logre en mi tierra,
volviendo a la sangre mía
lo que he comprado con ella;
y así, envíe por los dos,
en quien tan iguales pesan
las obligaciones mías,
para que mi hija pueda,
haciendo elección del uno,
unir en los dos mi herencia.

Gutierre (Aparte.)   (¿Quién duda que seré yo
                            el escogido por ella?)

Mencía (Aparte.)   (Ya está por mí prevenida.)

Gonzalo (Aparte.)   (Y cuando no lo estuviera,
                            ¿hay humanos intereses
                            por quien yo olvide tus prendas?)

Gutierre (Aparte.)   (Ya con los ojos me nombra.)

Brianda (Aparte.)   (Confusiones me rodean
                            el alma.)

Pedro	¿Qué dices, hija?
Brianda	¿Cómo con tanta presteza señor, puedo resolverme? Si gustas, dame licencia para pensarlo mejor.
Gutierre (Aparte.)	(Ya me ofende, pues lo piensa.)

(Sale un Paje del Marqués.)

Paje	Para dar la bienvenida a estos señores, licencia pide el Marqués, mi señor.
Pedro	Entre el Marqués norabuena; Saldréle yo a recibir.
Paje	No es menester; que ya entra.

(Salen el Marqués, un Paje y criados.)

Marqués	Esta poca cortesía de no esperar el recado perdone vueseñoría, pues en mí se habrá fundado sobre amistad.
Pedro	Honra es mía el tratar mi casa así, conozca a mis valencianos.
Marqués	Por servirlos vine aquí.

Gutierre	Para darme a mí las manos.
Gonzalo	Y darme los pies a mí.
Tadeo	Pues que somos.
Paje	Sí seremos.
Tadeo	¿Oiga voacé?
Paje	Bien, por Dios.
Tadeo	Criados a vela y remos, coro aparte, murmuremos de nuestros amos los dos.
Paje	¿Va de juego?
Tadeo	Va.
Marqués	Señora, vuesa merced, ¿cómo está?
Brianda	La salud que tengo agora siempre al servicio estará de vueseñoría.
Marqués	Y, ¿mejora de su gran melancolía vuesa merced?
Mencía	Con tal contento estoy loca de alegría.

Brianda	¿Cómo está vueseñoría?
Marqués	Algo indispuesto me siento.
Brianda	En el alma me pesó.
Marqués	Ya tengo salud entera.
Gutierre	Mil males tomara yo, si para todos tuviera el milagro que os sanó.
Brianda	Hasta tenerlos, quejoso no estéis, primo; aun es temprano.
Pedro	¿Sobrino?
Gutierre	Yo soy dichoso.
Pedro	Como poco cortesano, parece que estáis celoso.
Gutierre	¿Yo celos? Ni aun de los cielos no hayáis miedo que los pida; mal conocéis mis desvelos, un hombre soy que en mi vida ni tuve envidia, ni celos; porque siempre un hombre he sido que infinitos los he dado, mas nunca los he tenido.
Brianda (Aparte.)	(¡Qué necio tan confiado!)
Pedro (Aparte.)	(¡Qué bachiller tan corrido!)

Tadeo	Sospecho que no se engaña
	del todo mi amo, pues
	como el Sol en la campaña,
	los ojos pone el Marqués
	en su prima.
Paje	Es cosa extraña
	lo que adora a esta mujer
	y ella admite la esperanza.
Tadeo	¡Qué bello decir y hacer
	los criados a la usanza
	de este tiempo! Así han de ser,
	pues deben al ser discretos
	descubrir el primer lance
	de sus amos los secretos.
Gonzalo	No hayas miedo que te alcance
	la causa ni los efetos;
	pues el propio valor
	suyo perderá primero el oro
	que yo deje de ser tuyo.
Mencía	A lo mucho que te adoro
	estas dichas atribuyo;
	ya te doy mil parabienes.
Gonzalo	Deja ocasiones de quejas
	y dame causas de bienes.
Mencía	Muy sin recelo me dejas.
Gonzalo	Y muy seguro me tienes.

Gutierre	Préciome yo de atrevido.
Brianda	Tú en tener tales recelos, es sin duda que lo has sido.
Marqués (Aparte.)	(¡Muero de envidia y de celos!)
Brianda	Al Marqués miró ofendido.
Gutierre	Oye.
Brianda	Sabrélo después, pues tan poco va ni viene en eso, señor Marqués, en que agora se entretiene mi señora doña Inés.
Marqués	Mi hermana solo en ser mía tiene por gusto y deporte.
Brianda	Rayos de quejas me envía.
Pedro	Dios la guarde, es en la Corte lo que es el Sol para el día.
Gutierre	¡Qué hermana tiene tan bella!
Marqués	Vendrá a besarte las manos.
Gutierre	Mucho me holgara de vella.
Brianda	Las tuyas beso.

Pedro   Honráranos
                        esta casa, pues en ella
                          le daremos ocasión
                        tan presto.

Marqués   ¿Cómo?

Pedro   Se casa
                        mi Brianda.

Marqués (Aparte.)   (¡El corazón,
                        desalado, se me abrasa!)

Pedro   Porque sigue mi opinión,
                          con el uno de mis dos
                        sobrinos.

Brianda (Aparte.)   (Del todo muerto
                        está mi Marqués. ¡Ay, Dios!)

Marqués   Y ¿está del todo el concierto
                        ya concluido por vos?

Pedro   Es mía la voluntad;
                        solo le falta escoger
                        a cuál quiere.

Marqués (Aparte.)   (¿Hay tal crueldad?
                        ¡Ay, mudable!)

Brianda   ¿Qué he de hacer?
                        ¿Diréle que no es verdad?

Marqués   Será mil veces dichoso

el que quedare elegido
por ella.

Gutierre   Más que glorioso
                    quedaré siendo escogido.

Gonzalo   Y yo quedaré envidioso.
                       Esto ha sido cumplimiento,
                    bien mío.

Mencía   Con todo, agora
                    con toda el alma lo siento.

Marqués   Vuesamerced, mi señora,
                    gozará de este contento
                       millares de años, contados
                    con los minutos los bienes.

Brianda   Yo agradezco esos cuidados;
                    pero nunca parabienes
                    se admiten adelantados,
                       porque suele suceder
                    derribar las esperanzas
                    la Fortuna.

Marqués   Puede ser,
                    pues que para hacer mudanzas,
                    hasta en el nombre es mujer;
                       y porque pienso que es tarde,
                    será bien daros lugar.

Brianda (Aparte.) (¡Qué perdida, qué cobarde
                    me deja!)

Pedro (Aparte.)   (Que sospechar
me dejan.)

Marqués   El cielo os guarde.

Pedro   Todos te acompañaremos.

Marqués   No, por mi vida; ¿por qué
usáis de tales extremos?

Gutierre   Yo solo me quedaré.

Mencía   Porque solas no quedemos.

Marqués   Muerto voy.

Gutierre   Seré despojos.

Tadeo   Como en su centro quedó.

Brianda   ¿Qué disparates? ¿Qué antojos?

Gutierre   Parece que me miró,
dándome el alma en los ojos.

Paje   Bravos ademanes son
los de tu amo he pensado...

Tadeo   Pienso que tienes razón.

Paje   ...que es un necio confiado.

Tadeo   Y un Narciso en su opinión.

(Vanse unos por una puerta y otras por otra.)

Fin de la primera jornada

Jornada segunda

(Salen don Pedro y doña Brianda.)

Pedro

Brianda, mal te aprovechas
del valor, porque me pones
con dudas en ocasiones
de recelos y sospechas.
    No de tu honor, cuyo brío
estriba en tan buen cimiento,
sino de algún pensamiento
que se encuentra con el mío;
    resuélvete en escoger
para esposo, de estos dos
el uno.

Brianda

¿Tan presto? ¡Ay, Dios!
¿Cómo, padre, puede ser?
    Este nudo indivisible
del casamiento, ¿no es,
ciego en los cuerpos, después
para las almas terrible?
    ¿No es tan cruel, no es tan fuerte,
que aunque la razón lo pida,
no le desata la vida,
sino le acaba la muerte?
    Pues ¿cómo, padre, al compás
de la prisa que hay en ti,
de dos hombres para mí
mirar el que vale más?
    ¿Podréles ver, por momentos
tan llenos de pesadumbres,
el valor en las costumbres
y el alma en los pensamientos?

¿Podré ver con tal presteza
de cuál se aplica el amor,
mi sangre con más calor,
mi gusto con más terneza?
Mira que es justo.

Pedro   No es justo
para quien echa de ver
que en elección de mujer
las más veces yerra el gusto,
    y así, esposos escogidos
entre amorosos cuidados,
si no mueren descuidados,
padecen arrepentidos.
    Pero cuando elige esposos
la paternal providencia,
en premio de su obediencia,
las más veces son dichosos.
    Y tú, a ser más bien mirada,
más humilde, más sujeta,
más prudente, más discreta,
más dócil y más honrada,
    porque de ti se tuviera
general satisfacción,
fiaras de mi elección
lo que de la tuya era.

Brianda   Tú eres padre y dueño mío,
pero en la mujer ¿no ves
que en esto solo no es
la libertad desvarío?
    De mi esposo...

Pedro   Di.

52

Brianda	...señor,

                    ...señor,
a ti no te ha de tocar,
si es flemático, el pesar;
si es colérico, el temor;
    si es importuno, el enfado;
si es vicioso, la costumbre;
si es necio, la pesadumbre;
la afrenta, si no es honrado.
    Y si el pecho le desama,
tú, señor...

Pedro   Di.

Brianda   ...¿mal forzoso
has de partir con mi esposo
una mesa y una cama?
    Pues si yo he de ser, ¿por qué
quieres elegir por mí,
ni darme prisa?

Pedro   ¿Así? ¿Así?
Nunca tal imaginé;
    mujer apenas, ¿no veis
lo que entiende y lo que traza?
Atrevidilla rapaza,
¿tanta libertad tenéis?
    Pues porque no la tengáis,
elegir y obedecer
dentro de una hora ha de ser;
y advertid que si os tardáis,
    haré yo vuestra elección,
con diligencias no malas,
para cortaros las alas

de tan libre corazón.
    No repliquéis; ¿hay tal cosa?
¡Hola, hola!, ¿quién pensara
este extremo de esa cara
tan compuesta y vergonzosa?

(Vase.)

Brianda
    Apenas tiene plumas el avecilla,
cuando pone en los vientos el cuidado;
el más menudo pez del mar salado
suele atreverse a su arenosa orilla.
    Deja el monte la tierna cervatilla,
y aunque con su peligro, pace el prado,
las útiles defensas del ganado,
pierde tal vez la mansa corderilla.
    Sube al aire la tierra más pesada,
sale de madre el más pequeño río,
el cobarde mayor saca la espada;
    la menor esperanza finge brío,
¡y solamente la mujer honrada
tiene sin libertad el albedrío!

(Salen Lucía y el Marqués.)

Lucía
    Ya de sus negocios trata
el viejo, y puedes entrar.

Marqués
    Con quejas he de matar
a quien con celos me mata.
    ¿Eso es posible, señora?

Brianda
    Marqués, ¡qué atrevimiento!

Marqués	¡Que tan mortal tormento padezca quien te adora!
Brianda	¿Eso dices? ¡Ay, cielos!
Marqués	Mira mis ojos, que me abrasan celos.
Brianda	Cuando, perdida y loca, no hay bien que no me huya, cuando por causa tuya tengo el alma en la boca, que sales tras mis quejas, ¿de mí te ofendes y de mí te quejas? Quéjate de mi suerte, que impide tu esperanza sin temer la mudanza de quien pide a la muerte la mayor aspereza que acredite contigo mi firmeza.
Marqués	Ángel del alma hermoso, ¿quién causa en ti ese extremo, por quien mi muerte temo?
Brianda	Un padre riguroso, que pide, como injusto, fuerza a la voluntad y ley al gusto. Solo una hora le ha dado de término a mi muerte, o con rigor más fuerte resuelto y arrojado, por esposo importuno de mis dos primos quiere darme uno.

Marqués	Desdichas inhumanas,
	yo muero; mas, señora,
	¿en esta casa agora
	no hay puertas, no hay ventanas?
	Si por ellas no puedes,
	derribaré a puñadas las paredes,
	para que salgas de ella,
	o abrasarála el fuego
	de...
Brianda	Oye, ten sosiego,
	escucha.
Marqués	¡Ay, prenda bella!
Brianda	Y eso en mí, ¿qué sería?
	Honra soy de mi padre.
Marqués	¿Y no a la mía?
	Menos esta balanza
	pesa en tu pensamiento
	asida a tu belleza.
	¿Esto es fe? ¿Esto valor? ¿Esto firmeza?
Brianda	Y tal, que en mis acciones
	valerme de ella espero;
	pero los medios quiero
	de sus ejecuciones,
	porque sean más buenos,
	que de mi calidad desdigan menos.
Marqués	Ya por ti los estimo,
	ya saberlos quería.

Brianda	Quiere a doña Mencía
	don Gonzalo, mi primo,
	tanto, que es cierta cosa
	el ser su amante para ser su esposa.
	Y si a mi padre engaño
	y digo que a él le quiero,
	de su fineza espero
	suspensión en mi daño,
	siendo de él no admitida;
	pero al segundo lance soy perdida.
	Porque mi padre, ciego
	con sus vanos antojos,
	con mayores enojos,
	en don Gutierre luego
	querrá darme un marido,
	de mí, por confiado, aborrecido;
	y quitarme la vida,
	que en ti depositada
	tengo, tan desdichada
	como favorecida
	de tu alma en mis ojos.
Marqués	Pues ¿qué haremos, mi bien?
Brianda	Morir de enojos.
Marqués	¡Ay, gloria ya no mía,
	ponme en tus brazos bellos,
	para que muera en ellos!
Brianda	¿Posible no sería
	con algún modo extraño
	sufrir la pena y suspender el daño?

Marqués	¿Cómo, si está el sentido muerto en el sentimiento?

(Sale Lucía.)

Lucía	Señora, pasos siento.
Marqués	Vaste, y quedo perdido.
Brianda	Vete, y sin alma quedo.

(Vase.)

Marqués	En piedra convertido, ¿cómo puedo? ¿Qué pasos darán los pies, cuando pesan las desdichas tanto en el alma, que apenas dejan fuerzas en la vida? ¿Qué valor habrá en el pecho, donde las alas palpitan de un corazón, por amante, ya convertido en ceniza? ¿Qué discursos puede hacer una cabeza vacía, sin seso por verse en mí, por levantada, caída?

(Sale Tadeo.)

Tadeo	¿Señor Marqués?
Marqués	¡Oh, Tadeo!
Tadeo	Profunda melancolía

señalas, señor. ¿Qué tienes?

Marqués   Esta enfermedad maldita
           no tiene causa.

Tadeo   ¡Oh, qué bien!
           ¿Por qué de mí no la fías?
           Ya he sabido tus cuidados.

Marqués   ¿Quién los sabe y los publica?

Tadeo   Quien los descubre en tus ojos;
           y ¿por qué te maravillas,
           si las paredes los oyen,
           de que las piedras los digan?

Marqués   Aunque en humilde sujeto,
           tu discreción me convida
           a que por consuelo tenga
           el contarte mi desdicha.

Tadeo   Tras las mercedes pasadas,
           con ésta, señor, me obligas
           a ser siempre esclavo tuyo.

Marqués   ¡Ay, Tadeo!, aunque la estimas,
           no la agradezcas; que son
           tan grandes las penas mías,
           que en mi corazón revientan,
           y se salen ellas mismas
           por la boca y por los ojos,
           arrojadas de ofendidas.
           Don Pedro, don Pedro —¡ay, cielo!—
           quiere casar a su hija

con uno de sus sobrinos,
siendo el alma de esta vida;
de don Gonzalo ya sé
que solamente se inclina,
amante de muchos años,
a solo doña Mencía;
y así, de él estoy seguro;
pero don Gutierre aspira
a ser su esposo, juntando
confianzas y porfías,
hoy quiere casarla el viejo,
y yo muriendo querría,
aunque haya de ser, siquiera
suspenderlo algunos días,
y no sé el cómo, ¡ay de mí!

Tadeo   Linda traza, no te aflijas,
se me ha ofrecido en un punto.

Marqués   Dila, amigo.

Tadeo   Escucha.

Marqués   Dila.

Tadeo   ¿Tú no tienes una hermana
con tanta opinión de linda,
que es un extremo en la corte?

Marqués   Es así.

Tadeo   Pues ¿cómo harías
que don Gutierre la vea
y que piense que le mira

con terneza y con amor?
Pues por poco que lo finja,
pensará que por él muere;
que en los aires facilita
estas cosas su opinión,
engañándose ella misma;
y es tan vano y presumido,
que si la ve, y se encapricha
en alcanzarla, y tener
un cuñado Señoría,
que me maten si en un punto
no se ofende y no se olvida
de su prima y de su tío.

Marqués   Cosa fuera peregrina;
mas está mi hermana ausente,
porque se fue con mi tía
a una de mis aldeas,
donde estará algunos días;
y aunque en Madrid estuviera,
¿cómo a mi hermana podía
meterla yo en esas cosas?
Son diligencias perdidas
cuantas hago.

Tadeo   ¿En eso topas?
Busca una hermana fingida,
pues no tienes en tu casa
la verdadera.

Marqués   Averigua;
que del todo eres discreto;
pero ¿qué mujer podría,
con discreción y hermosura

	hacer lo que facilitas?
Tadeo	¿Quién? Ya lo sé; escucha, espera; bien tus cosas se encaminan. Esta criada briosa, que entra, sale, bulle y brinca, como las culebras sabia y como las ascuas viva.
Marqués	¿Quién dices?
Tadeo	Esta criada, que para esto fue nacida.
Marqués	¿Es Lucía? Dices bien, y para todo entendida. ¿Vióla tu amo?
Tadeo	No pudo, recién llegado de un día.
Marqués	Pues ¿cómo podrá salir de esta casa?
Tadeo	No te impida; eso a mi cargo lo deja, ya corre por cuenta mía. Vete, y espera en tu casa a que yo, señor, te sirva con industria y lealtad, vete luego.
Marqués	De ti fía no menos que toda el alma,

quien parte agora sin vida.
Cosas soñadas parecen;
toma, amigo, esta sortija,
que dos mil ducados vale.
¡Oh, amor, tras qué fantasías,
tropezando con mis penas,
voy siguiendo mis desdichas?

Tadeo   Voto al Sol, con bravo enredo
del marqués la justa queja
suspenderé; pero quedo,
que el lobo está en la conseja;
caerá en el lazo, si puedo.

(Sale don Gutierre.)

Gutierre   Cuando miro en mis pasadas
y venideras memorias,
tiernamente imaginadas
tan dulcemente las glorias
poseídas y esperadas,
   aunque dudosa y segura
en mis partes mi opinión,
ni resuelve ni asegura
si las debo a la razón
o las hallo en la ventura.

Tadeo   Señor, ¿de qué tan ufano?

Gutierre   ¿No he de estarlo pues me toca
en un serafín humano
el sí de tan dulce boca,
la fe de tan bella mano?

Tadeo	En eso dices verdad,
	si de que a ti te eligió
	tienes ya seguridad.
Gutierre	¿Eso dices?
Tadeo	¿Por qué no?
Gutierre	¡Oh, qué gentil necedad!
Tadeo	Tu primo tiene esperanza
	también.
Gutierre	Con tal diferencia,
	atrevido se abalanza,
	¡qué agraviada competencia!
(Aparte.)	(Y ¡qué necia confianza!)
Gutierre	Fuera de tenerme amor,
	mi prima con gran ventaja
	la merezco.
Tadeo	Sí, señor.
(Aparte.)	(Quien no corre la baraja,
	¡qué mal entiende la flor!)
Gutierre	¿Qué dices?
Tadeo	Que eres dichoso,
	pues que piensas que lo eres
	en lo galán y en lo hermoso.
Gutierre	Imán soy de las mujeres;
	el confesarlo es forzoso.

Tadeo	Pues ¿qué dirás en sabiendo...
Gutierre	¿Qué, Tadeo?
Tadeo	...alegre estás, que algunas que van saliendo muy alto, al olor no más, van picando y van cayendo? Fui en cas del Marqués y hablé...
Gutierre	¿Con su hermana? Y yo he caído en la cuenta.
Tadeo	Presto fue, y como el gato habrá sido, porque siempre cae en pie; no morirás arrojado, pues sabes caer tan bien.
Gutierre	Sácame de este cuidado; ¿es muy hermosa?
Tadeo	Es en quien verás un cielo cifrado.
Gutierre	Y ¿qué te dijo?
Tadeo	Amorosa, con un donaire encogido, con una voz tan melosa, como halagüeña al oído, y en el alma cosquillosa, me dijo, alzando una mano

de nieve —pienso que agora
la miro—: «Escuchad, hermano,
¿del famoso valenciano
no sois criado?». «Sí, señora»,
    respondo. «Notables son
las partes que Dios le ha dado.»
Replico: «Pues con razón
en dos horas han ganado
muchos siglos de opinión
    y en la corte por lo menos».
Y cuanto más en ti hablaba,
los ojos, de aplauso llenos,
me volvía, y me mostraba
más blandos y más serenos.

Gutierre	¡Notable ventura mía! ¿Eso dijo?
Tadeo	Y añadió: «Con el alma gustaría de ver a tu amo yo.»
Gutierre	Antes que amanezca el día —si no muero— he de ir a vella.
Tadeo	Haz tú visita al marqués, mientras yo a su hermana bella pongo plumas en los pies para salir a tenella.
Gutierre	Luego al momento ha de ser.
Tadeo (Aparte.)	Allá voy. (Poco cuidado y jabón fue menester.)

Gutierre	Galán seré celebrado de tan hermosa mujer.

(Vase Tadeo y sale doña Mencía.)

Mencía	Hermano, ¿tan divertido? Culparte puedo de ingrato, pues siendo tan recién venido, ni aún hablarte solo un rato ni has gustado ni he podido.
Gutierre	¡Oh, hermana!
Mencía (Aparte.)	(Quiero alaballe; que así para mi intención me importará granjealle.)
Gutierre	Mis disculpas grandes son.
Mencía	¡Qué gentileza! ¡Qué talle! En dos años que ha que juntos no estamos, pienso que ha sido el mejorarse por puntos; y así en mi prima he tenido de su estimación barruntos; y pues tan en ello está, no sé el cómo nuestro primo contigo competirá.
Gutierre	Yo lo agradezco y lo estimo; pero, hermana, bueno está; voyme, que si el alma das con los ojos ocasiones,

tú con más culpa errarás,
si en el peligro te pones
que se han puesto los demás.

Mencía (Aparte.)   (Notable el capricho es
con que se estima y se agrada.)

Gutierre (Aparte.)   (De la hermana del marqués
la hermosura imaginada
me llena el alma en los pies.)

(Vase don Gutierre. Sale don Gonzalo.)

Gonzalo   ¿Fuese ya?

Mencía   Sí.

Gonzalo   ¡Prima amada!

Mencía   ¡Primo, primo de mi vida!

Gonzalo   ¡Qué hora tan esperada!

Mencía   ¡Qué pena tan bien perdida!

Gonzalo   ¡Qué gloria tan bien lograda,
si es que engaña el deseo!
¡Que la miro, que la toco,
que la alcanzo!

Mencía   Yo la veo
con el sentido tan loco,
que la gozo y no la creo,
aunque el verla con recelos

la acredita.

Gonzalo
                    ¿En qué razones
se fundan, mi bien?

Mencía
                              ¡Ay, cielos!
Tan precisas ocasiones
me causan mortales celos.

Gonzalo
            Y ¿quién, señora, os los dio?

Mencía
            La razón los justifica
con mi prima, que nació,
si no más vuestra, más rica
y más dichosa que yo.
    Veo también a mi tío
con causa más inclinado
a vos que al hermano mío,
porque pasa, confiado,
la soberbia a desvarío;
        y aunque prevengo estos daños
animosa, porque hallé
entre los dos sin engaños
un amor de tanta fe,
y una fe de tantos años,
        con todo, vengo a quedar
temerosa de perder
lo que merecí ganar.
¡Ay, mi gloria, que el temer
es muy propio del amar!

Gonzalo
            Supuesto que la belleza
vuestra competir podía,
mi bien, con mayor riqueza,

y en un alma vuestra y mía
es un monte la firmeza,
     agravio fue semejante
en vos el haber dudado;
que con valor inconstante
pareciera interesado,
aunque nunca fuera amante.
     Pues advertirlo mejor,
y pensad que aunque no fuese
en mí tan vuestro el valor,
por no mostrar interese,
fingiera el tener amor.
     Tened mayor confianza
de mi dicha, que es inmensa,
o creed que mi esperanza
que ha de pasar esta ofensa
de sentimiento a venganza.
     Pero si dudas ponéis
en mi fe tal engaño,
llegad a verme, y veréis
—si es que en mis ojos os veis—
en mi alma el desengaño.

Mencía   Como sin veros he estado,
casi muerta en vuestro olvido
mi esperanza, mi cuidado
está agora prevenido,
de entonces escarmentado;
     y aunque presente os volví
a mi amor, recela el pecho
la desdicha en que me vi;
efeto propio, que en mí
tan grande escarmiento ha hecho.

Gonzalo	Si con ausentes desvelos
	recelaste mis mudanzas,
	dando quejas a los cielos,
	culpando en mis esperanzas
	descuidos de mis consuelos;
	pues pasó vuestro disgusto,
	ya de mi amor satisfecho,
	el temer, prima, no es justo,
	tan a costa de mi gusto,
	que huya de mi provecho.

Mencía	Señor, si estuve perdida
	entre ausencias y rigores,
	olvidada y ofendida,
	tan cerca de mis temores
	y tan lejos de mi vida,
	cuando así a tenerla vengo,
	que aún recelo que me engaño,
	disculpa bastante tengo,
	pues mi remedio prevengo
	con el miedo de mi daño.
	Yo me voy, señor, que es tarde,
	y vendrá luego mi tío.

| Gonzalo | ¿Como estás? |

| Mencía | Ya no cobarde. |

| Gonzalo | ¡Gloria mía! |

| Mencía | ¡Señor mío! |

| Gonzalo | Mi alma os goce. |

Mencía   Mi fe os guarde.

(Vanse y sale el Marqués.)

Marqués   Confuso y desesperado
                        por lo que mi suerte ordena,
                        tengo de hielo la pena,
                        con ser de fuego el cuidado,
                        .... [-oso]
                        viendo en mi dolor mortal
                        que, sin duda, el mayor
                        mal es tener el bien dudoso.

(Sale Tadeo.)

Tadeo   Acá estamos ya.

Marqués   ¡Tadeo!
                        .... [-ido]

Tadeo   Todo hasta aquí lo he medido
                        con el compás del deseo.
                            Ya está en su puesto Lucía.
                        Y bien vestida y tocada,
                        en tu hermana transformada.

Marqués   Y ¿parece hermana mía?

Tadeo   Del Papa lo puede ser,
                        pues de suyo lo asegura,
                        y tresdobla la hermosura
                        el adorno en la mujer.

Marqués   ¿Cómo tan presto has podido

venir?

Tadeo   Valióme la mano
                  de aquel ángel soberano
                  con quien anduve atrevido.
                     Comuniquéle mi enredo;
                  al principio se espantó,
                  pero luego me creyó,
                  y de su mano, en un credo,
                     aunque incierta en el cuidado
                  de lo que hemos emprendido,
                  con un bizarro vestido
                  y bien compuesto un tocado,
                     trenzado el cabello y rizo,
                  sobre nieve y arrebol
                  hizo de Lucía un Sol
                  que puede servir de hechizo;
                     y entrando, aunque claro el día,
                  en un coche cautamente,
                  a tu casa diligente
                  pude traerte a Lucía,
                     y entre tus dueñas de honor
                  está, a quien tú previniste
                  de nuestro engaño.

Marqués   ¿Y viniste
                  los dos solos?

Tadeo   Sí, señor.

Marqués   ¿Y Tadeo?

Tadeo   He procedido
                  limpiamente, te prometo.

Marqués	Di verdad.

Tadeo	Tuve respeto
	al tocado y al vestido.

(Sale un Paje.)

Paje	Don Gutierre, un caballero
	que hoy viste...

Tadeo	A buen tiempo viene.

Paje	...pide licencia.

Marqués	Y la tiene.
	Di, volando, que le espero.
	¿Cómo agora dispondré
	tu quimera?

Tadeo	Con dejarlla
	a mi cargo; espera y calla,
	pues voy a servirte.

Marqués	Ve.

(Vase Tadeo. Sale don Gutierre.)

Gutierre	Deme las manos.

Marqués	Señor,
	presto las visitas paga
	vuesa merced.

Gutierre	Es la paga tanto a la deuda inferior...
Marqués	Sillas, hola.
Gutierre	...que supuesto que es tan corto mi caudal, y es cierto el pagarla mal, es bien que la pague presto. Reciba vueseñoría solo el deseo; señor.
Marqués	Yo vengo a quedar deudor. Desempeñarme querría; mas esto agora dejemos para cuando más importe. ¿No es bello lugar la corte para amorosos extremos?
Gutierre	Como tan recién venido mal pude juzgarlos yo, mas su grandeza llegó, si no a la vista, al oído. Y así, que es lugar sospecho donde muchas causas dan para que pueda un galán abrir animoso el pecho.
Marqués	De hermosura y discreción son sin número las damas, y las lenguas de sus famas, ¿no os han dicho cuáles son?
Gutierre	Mi señora doña Inés,

por discreta y por hermosa,
es en la corte famosa
más que todas.

Marqués   Sí lo es,
                    o es dicha que en tal se vea;
                    porque si dan en tener
                    por hermosa una mujer,
                    lo será aunque no lo sea.

Gutierre   Mi hermana y prima me han dado,
                    para que dicho fuese,
                    un recado que la diese
                    de su parte.

Marqués   Habránla honrado.

Gutierre   Si es que tú gustas, señor,
                    que yo, aunque indigno de vella,
                    se lo dé...

Marqués   Tendrálo ella
                    por muy notable favor. ¡Hola!

(Sale un Paje y habla al oído con el Marqués.)

Paje   ¡Señor, [aquí está!]

(Salen Tadeo y Lucía, de dama. Los dos hablan aparte.)

Lucía   ¿Estoy bien?

Tadeo   ¡[Y] brava, por vida mía!

Lucía	¿Mereceré Señoría?
Tadeo	Y Paternidad también.
Lucía	¿sabes si he de poder disimular y fingir sin turbarme y sin reír?
Tadeo	Sería echarlo a perder. Buen ánimo; que ya es hora.
Lucía	Santíguome.
Tadeo	A Bercebú te encomienda; ve.
Lucía	¡Ay, Jesú! ¿Quién es?
Marqués	Hermana, señora, llegad.
Lucía	Creyendo, señor, ver solo a vueseñoría, no tan compuesta venía, que no pudiera mejor.
Marqués	A bien tiempo habéis llegado donde esta silla ocupéis; y así, no os excusaréis el llegar a vuestro estrado.
Gutierre	Donde licencia tenía para besaros las manos.

Lucía	¿Es de los dos valencianos el uno?
Marqués	Sí, hermana mía; y ¿en qué lo habéis conocido?
Lucía	Viéndole tan gentil hombre, el crédito de su nombre di por la vista al oído.
Tadeo (Aparte.)	(¡Oh, hi de puta taimada! con esto remata el seso de mi amo!)
Gutierre	¿Cómo a eso podrá mi lengua turbada responder, sino callando?
(Aparte todos.)	¡Qué soberanos despojos!
Lucía	Ya le mato con los ojos.
Tadeo	Ya va cayendo y picando.
Marqués	Ya se tiene por dichoso.
Lucía	Ya elevado se traspasa.
Gutierre	Ya dulcemente me abrasa este serafín hermoso; todo el bien me viene junto. Ya se rinde.

(Sale el Paje.)

Paje   Aquel hidalgo...

Marqués   Con vuestra licencia salgo,
                 para volver en un punto.

Gutierre   Acompañaréos.

Marqués   Dejad
                 de hacer tal, por vida mía.

(Tadeo y Lucía hablan aparte.)

Lucía   ¿Y agora?

Tadeo   Agora, Lucía,
                 veremos tu habilidad;
                    hazle favores mirlados.

Lucía   Y ¿dónde están las razones?

Tadeo   Porque es todo afectaciones
                 en los necios confiados.

(Don Gutierre ha acompañado al Marqués hasta la puerta, que se fue con su paje, y vuelve a sentarse en la silla.)

Gutierre   ¡Qué dulce mirar! ¡Qué bella!

(A Lucía.)

Tadeo   Mira más recio.

(A Tadeo.)

Lucía	Sí haré.

Gutierre (Aparte.) (¿Por dónde comenzaré
a declararme con ella?)

Lucía   Parece que habéis quedado
suspenso.

Gutierre   Estoy divertido,
a la dicha agradecido,
y con la fama enojado.
   Con la fama, pues tomó
con vuestros luceros claros
tanta luz para pintaros,
y ciegamente os pintó,
   pudiendo hacerse inmortal,
pues le dio en vuestra belleza
la sabia naturaleza
tan divino original;
   y así, en vuestro agravio infiel,
mil maldiciones le ofrezco,
y a la dicha le agradezco
el darme mano y pincel
   en la ocasión y en la palma,
de veros y contemplaros,
para poder trasladaros
con los ojos en el alma.

Tadeo (Aparte.)   (Ea, Lucía, ¡Santiago,
cierra España!)

Lucía   Aunque es antojo,

os agradezco ese enojo,
y esotra lisonja os pago,
  aunque al oírme os asombre,
al verme tan atrevida,
con deciros que en mi vida
vi galán tan gentil hombre,
  y que a la fama perdono
lo que juzgáis que en mí hizo
pues mi agravio satisfizo
lo que dijo en vuestro abono;
  porque, si no os alabara,
el veros no apeteciera,
ni a Tadeo ocasión diera
de que en mi nombre os llamara.

Tadeo (Aparte.)   (Como quien baja rodando,
presto acabó de bajar.)

Gutierre   ¡Quién pudiera imaginar
lo que os estoy escuchando!
  ¿Quién vio tan dichoso día?
¿Y a quién dio naturaleza,
como la vuestra, belleza,
ni dicha como la mía?
  Y pues que mi gloria es
tal que por vuestro me toca,
después de besar mi boca
lo que pisan vuestros pies,
  dadme, señora, la mano;
que como Reina os la pido.

Lucía   Primero estad advertido
que este favor tan temprano
  no ha sido en mí liviandad;

pero vuestro casamiento,
hallando mi pensamiento
ya firme en mi voluntad,
   dio a mi esperanza este brío,
y entre dudosa y cobarde
de que no llegara tarde
a vuestro cuidado el mío,
   ligera de apasionada,
quise declararme luego.

Tadeo (Aparte.)   (Bravamente cerró el pliego;
es discreta y es taimada.)

Gutierre   Muriera desesperado
si tarde hubiera venido
tal merced. Milagro ha sido
porque me hallara casado
   si tan presto no llegara,
que en tu hermosura la viera,
y tan bien no sucediera,
que tu hermano nos dejara.

Lucía   Eso algún misterio tiene.

Tadeo (Aparte.)   (¡Y grande!)

Gutierre   ¿Cómo, señora?

Tadeo (Aparte.)   (Ella le despeña agora.)

Lucía   Así al marqués le conviene.

Gutierre   Pues, ¿qué pretende el marqués?

Lucía	Ser esposo de tu hermana;
	y así, los pasos allana.
Tadeo (Aparte.)	(Ya como si fueran pies
	le resbalan las razones.)
Lucía (Aparte.)	(Por desvanecerle más
	lo dije.)
Gutierre	En un bien me das
	tan grandes obligaciones,
	cielo divino, que al verlas,
	como me miro al gozarlas
	sin caudal para pagarlas,
	vengo a sentir el deberlas.
	Pero, ¿qué digo, si en ti
	merezco tales despojos,
	que cuanto alcanzan tus ojos
	son tesoros para mí?
	Pues la tierra agradecida,
	porque pague estos favores,
	me consuela con sus flores,
	con sus frutos me convida.
	Danle en el cielo, a quien das
	segunda causa a mis bienes,
	a mi estrella parabienes,
	envidiosas las demás,
	el Sol.
Tadeo	Quedo, el Marqués para.
Gutierre	Quisiera,...
Tadeo (Aparte.)	(Tomado había

corriente de más de un día,
si el Marqués no la cortara.)

(Sale el Marqués.)

Marqués   Perdonad el detenerme.

Gutierre   Un minuto ha parecido.

Marqués   Ocasiones he tenido
de tardarme y de perderme.
   De vuestro tío un criado
con mucha prisa, os espera;
venid, vamos.

Gutierre   ¿Salís fuera?

Marqués   Apriétame otro cuidado;
   quizá os querrá vuestro tío
alguna importante cosa.

(Vase el Marqués.)

Lucía   ¿He de quedar recelosa?

Gutierre   Dueño sois de mi albedrío.

Lucía   A aquellas señoras mías
beso mil veces las manos.

Gutierre   ¡Ay, mis ojos soberanos!

(Vase don Gutierre.)

Lucía	¡Ay, luz de mis alegrías!
Tadeo	¡Ay, majadero frisado, por los aires persuadido!
Lucía	Lindamente he procedido. .... [-ado] .... [-asas]; que es un demonio aquel viejo.
Tadeo	Quítate agora el pellejo, y veremos lo que pasas después en coche y desnuda de esas ropas respetadas, y las cortinas cerradas.
Lucía	Para no ponerlo en duda, pondré un manto de dos suelas en mi cabeza, y después seré un viento, si en los pies acomodo unas chinelas, pues, ¿qué pensaba?
Tadeo	¡Oh, traidora!
Lucía	Mamóla; ¡qué poco sabe!
Tadeo	A lo menos a lo grave me harás un favor agora, como si fueras hermana del Marqués, y señoría te diré.
Lucía	Por cortesía

harélo de buena gana.

Tadeo   Vueseñoría una mano
                 me dé, que será una palma.

Lucía   La mano, y también el alma.

Tadeo   Ya la beso.

Lucía   Y yo la allano,
                 como asegures los pies.

Tadeo   Sabrosa con tantas veras
                 me supo, como si fueras
                 propia hermana del Marqués;
                    que los gustos persuadidos,
                 de los ojos engañados
                 suelen ser imaginados,
                 lo mismo que sucedidos.

Lucía   Por eso dichosas son
                 en tu amo las quimeras.

Tadeo   Por eso tantas veras
                 es Narciso en su opinión.

(Vanse. Sale don Gonzalo.)

Gonzalo   El amor correspondido
                 es, a ser sin disonancia,
                 una dulce consonancia,
                 gloria al alma en el sentido.
                    Es un hijo de los cielos,
                 tanto más casto y mejor

cuanto es villano el amor
entre sospechas y celos;
    y así yo, doña Mencía,
viendo en tan igual belleza
un ejemplo de firmeza,
tengo un siglo de alegría;
    y concorde a mi cuidado
su mérito conocido.
Me da el ser agradecido
más glorias que el ser amado.

(Sale don Gutierre.)

Gutierre   ¡Pudo darme la Fortuna
                  más gustos y más contentos
                  que conformes casamientos,
                  y ¡qué dichosa fortuna!
                      Pues con mi hermana casado
                  el Marqués, yo con la suya,
                  es imposible que huya
                  de uno de los dos su estado.

Gonzalo   ¿Qué tiene ese hombre, que está
                  hablando consigo mismo?

Gutierre   ¡Notable dicha! Un abismo
                  de inmensas glorias será.

Gonzalo   Primo, primo, ¿qué tenéis,
                  que tan alegre os gozáis?

Gutierre   Llegad, primo, y si escucháis,
                  todas mis glorias sabréis,
                      y aun las vuestras, pues que ya

vuestra, para ser dichosa
pues yo merecí otra esposa,
doña Brianda será.
    Esta hermana del marqués,
esta mujer tan famosa,
es ya mía.

Gonzalo   ¡Extraña cosa!

Gutierre   Y con segundo interés,
    porque yo a doña Mencía
doy al marqués por mujer.

Gonzalo (Aparte.)   (¿Cómo, cómo puede ser?
¿Es posible, siendo mía?)
    Pienso que os habéis burlado.

Gutierre   ¿Burlado? Bueno.

Gonzalo   ¡Ah, traidora!

Gutierre   De su casa vengo agora,
donde quedó concertado;
    queríanse ya los dos.

Gonzalo   ¿El marqués y vuestra hermana?

Gutierre   Sí, y la suya soberana
sabiendo.

Gonzalo (Aparte.)   (¡Válgame Dios!)

Gutierre   Sus buenas partes dispuso
con el marqués, y Mencía

	lo que para gloria mía tan por los aires compuso.
Gonzalo	Pienso que lo habéis soñado como soléis divertido.
Gutierre	No, por Dios.
Gonzalo (Aparte.)	(Yo soy perdido.)
Gutierre	Pues, ¿de qué os habéis turbado? ¿Qué tenéis?
Gonzalo (Aparte.)	Dejadme; ciego estoy. (¡Ah, entrañas feroces! por ir publicando a voces, pues me abraso, fuego, fuego, hasta que alcance a Mencía el que yo tengo en la boca.)
Gutierre (Aparte.)	(Que le incita, y le provoca, tendrá de la suerte mía envidia, que entre los dos nunca falta. Éste es mi tío.)
(Sale don Pedro.)	
Pedro	¿Cómo os va, sobrino mío?
Gutierre	Mi tío, ¿como con vos? Que no hay más que encarecer.
Pedro	Otra ocasión se os ofrece.

Gutierre	¿Cómo, señor?
Pedro	Me parece que mi Brianda es mujer y ha de escoger lo peor; a vos os eligiera, y no a don Gonzalo.
Gutierre	Ya en ello estoy; mas, señor, tengo yo...
Pedro	Decid, no es malo el dudar.
Gutierre	...con otro intento muy diverso, el pensamiento.
Pedro	¿Qué decís?
Gutierre	Que en don Gonzalo, porque de este gusto trate, que aparece con más brío, renuncio el derecho mío.
Pedro	¡Oh, qué gentil disparate! ¿Mi hija tenéis en poco? ¿Mi hacienda? ¡Gran desatino! Andad. Del todo, sobrino, o sois necio o estáis loco.
Gutierre	¡Señor!
Pedro	Dejadme, callad, no repliquéis, que estoy ciego

de enojo; gentil, don Diego,
andad, salíos, caminad.

Gutierre   Verá mi disculpa cuando
sepa las dichas mías.

(Vase don Gutierre. Sale doña Brianda.)

Brianda (Aparte.)   (¡Qué dudosas alegrías
voy perdiendo y esperando!)
    Enojado está, ¡ay de mí!
¿Qué me mandas, señor?
(Aparte.)   (¿Qué haré?)

Pedro   Brianda, yo te llamé
por ver lo que tengo en ti:
    la vejez que quieres darme,
lo que quieres complacerme
lo que huyes de ofenderme
y lo que gustas de honrarme.
    Hasta agora que escogieras
el uno de mis sobrinos
te rogué, y los desatinos,
confianzas y quimeras
    de don Gutierre ofender
tan de veras me han podido,
que el dártele por marido,
aunque quieras, no ha de ser;
    pero en don Gonzalo mira
mil partes que buenas son,
desnuda de pasión
que te ciega y te retira;
    y sé tú misma el juez
de esta causa, si te allanas

por mis venerables canas,
por mi cansada vejez,
  a que logre mi única hija
... con tan buena suerte
................[erte]
me consuele y no me aflija.

Brianda   De don Gonzalo sin miedo
siempre estuve, y pues que soy
tan dichosa, que lo estoy
de don Gutierre, bien puedo
  elegirle, y de este modo
a mi padre y a mi gusto
satisfaré, porque es justo
el obedecerte en todo.
  El «sí» te ofrezco, empleado
en don Gonzalo.

Pedro   En abono
de lo que haces, te perdono
lo que en hacerlo has dudado.

(Sale don Gonzalo.)

Gonzalo (Aparte.)   (Buscando voy sin sosiego
la cruel que me condena,
por matarla con mi pena
y abrasarla con mi fuego;
  pero sabrá que he sabido
su mudanza y su traición,
y en el más hondo rincón
de la casa se ha escondido;
  pero aunque muera, conviene
mis penas disimular.)

Pedro	A saber y a celebrar
	tal dicha, a buen tiempo viene
	don Gonzalo.

Gonzalo   ¡Ay ciego Amor!

Pedro   Llegad; que ya sois dichoso,
ya sois de mi hija esposo.
Ya mi hijo, ya señor
     de mi hacienda y ya escogido
de Brianda.

Gonzalo (Aparte.)   (El cielo agora,
de Mencía que es traidora,
que me vengue habrá querido.)

Pedro   ¿Con qué monte habéis topado?
¿Qué os entretiene dudoso?

Gonzalo   Tan presto el ser tan dichoso,
¿a quién no hubiera turbado?
     Mas, pues logras mi esperanza,
déjame besar tus pies.
(Aparte.)   (No pudiera el interés
lo que pudo la venganza.)

Brianda (Aparte.)   (¡Ay, triste!)

Pedro   De esta alegría
lograra en mi pensamiento,
de este gusto, este contento
quiero que alcance a Mencía.
     Y luego, ¿quién ha de haber

en mi casa para honrarla
sin saberla y celebrarla?
Loco me llena el placer.

(Vase don Pedro.)

Brianda (Aparte.)   (Hecha una brasa de hielo
he quedado, he de morir.)
Primo, ¿qué has hecho?

Gonzalo   Admitir
glorias que están en tu cielo.

Brianda   Advierte que has admitido,
siendo cruel, siendo injusto,
en una mujer sin gusto,
una piedra sin sentido,
     un gusto sin voluntad,
un seso sin elección,
un cuerpo sin corazón
y un alma sin libertad.

Gonzalo   Yo, señora, no sabía
sino que eras, siendo tal,
una mujer principal
y una honesta prima mía,
     con valor y con belleza.
¿Tu elección no me nombró
por tuyo?

Brianda   Sí, pero yo
confié de tu firmeza,
     sabiendo tus pensamientos,
en nuestra prima empleados.

Gonzalo	Es cruel, son sus cuidados más veloces que los vientos.

(Sale doña Mencía.)

Mencía (Aparte.)	(¿Mudable mi don Gonzalo y cruel doña Brianda? No es posible, no lo creo, aunque el dudarlo me mata. Juntos están, ¡ay de mí!, ciertas fueron mis desgracias.) ¡Falso amigo, ingrato amante! ¿No es desdicha, no es infamia, que con minutos las horas averigüen tus mudanzas? ¿Este fruto han producido tus lisonjeras palabras? Y cuando no me las dieras, ¿en nuestro amor no bastara el vernos en tu memoria con iguales esperanzas, nacidos para una cuna, criados en una casa, para apoyar tu firmeza entre obligaciones tantas? Tú, prima, ¿por qué me has muerto?

Brianda	No me culpes, que me matas.

Gonzalo	¿Con qué corazón te quejas? ¿Con qué vergüenza te agravias? Tú, cruel, de estas desdichas, ¿no fuiste primera causa?

En ti el mudarte fue ofensa,
no en mí el vengarme mudanza.

Mencía   Yo, pues, ¿en qué te ofendí?
                ¿Qué dices?

Gonzalo   ¿No estás casada
                con el Marqués?

Mencía   ¿Quién lo dice?

Gonzalo   Don Gutierre.

Brianda   ¡Hay tal desgracia!

Mencía   El miente. ¿Que tú tal digas?
                Mas buena excusa te hallas
                para disfrazar tus culpas
                y para crecer mis ansias.

(Sale el Marqués.)

Marqués   Ya sin humanos respetos,
                el mongibel que me abrasa
                ha de sacar por la boca
                hecho pedazos el alma.
                ¡Ah, cruel!

Brianda   ¡Oye, por Dios!

Marqués   ¡Fingida, mudable, falsa,
                espejo de mis injurias,
                naufragio de mis borrascas!

Brianda	¡Escucha!
Marqués	¿Qué he de escucharte? ¿No rompiste tu palabra, segundo «sí» de tu boca no diste? Verá cortadas sus dos manos quien la tuya espera.
Gonzalo	A locuras tantas respondo de esta manera.

(Meten mano.)

Brianda	¡Oye, espera!
Mencía	¡Tente, aguarda!

(Tiene doña Mencía al Marqués y doña Brianda a don Gonzalo y sale don Gutierre.)

Gutierre	¿Contra el Marqués, don Gonzalo?
Gonzalo	Sí, que se atreve a esta casa.
Gutierre	Reportaos, primo, por Dios, que bien puede con mi hermana estar hablando el Marqués, porque entre los dos se tratan cosas para honestos fines.
Gonzalo	Vuestras locuras soñadas en vos, como sucedidas, estas desventuras causan.

Gutierre	Sois descompuesto y sois loco.
Marqués	Teneos, pues averiguarlas es mejor en otra parte.

(Sale Tadeo.)

Tadeo	Envainad luego la espada, que viene el señor don Pedro.
Mencía	Confusa estoy.
Brianda	Yo, turbada.

(Sale don Pedro.)

Pedro	¿Qué es esto? ¿Espadas desnudas, y sin color en las caras? ¿Qué es esto? Marqués, sobrinos, hija, decid. ¿Todos callan? Mil sospechas me enfurecen y mil dudas me acobardan. ¡Por vida de, de..., por vida del Rey, si saco la espada, que de la sangre enemiga aun le quedan rojas manchas, que he de hacer un desatino!
Marqués	Después sabréis lo que pasa; que estáis colérico ahora.

(Vase.)

Gonzalo (Aparte.)   (Verá el Marqués si me espantan
señorías.)

(Vase.)

Gutierre (Aparte.)   (De mi primo
castigaré la arrogancia.)

(Vase.)

Mencía (Aparte.)   (Penando voy.)

(Vase.)

Brianda (Aparte.)   (Yo, muriendo...)

Tadeo (Aparte.)   (Pues con las cabezas bajas
te dejan con reverencias,
como una imagen te tratan.)

(Vase.)

Pedro   Pondré remedio en mis cosas
con acuerdo y vigilancia;
que esta cordura les debo
a la plata de estas canas.

Fin de la segunda jornada

Jornada tercera

(Salen doña Inés y un Paje.)

Inés   Dile a mi hermano el Marqués
            que yo acabé de llegar
            agora.

Paje   Voyle a buscar.

(Vase el Paje.)

Inés   ¡Qué mala, qué necia es
              la vida de las aldeas,
            donde, pasados tres días,
            hermosas melancolías
            hacen hermosuras feas!
              Y así tan solo ha de ser
            para divertir antojos,
            dando apetito a los ojos,
            que aumenten el gusto al ver
              de esta corte la grandeza,
            de esta heroica majestad,
            adonde la variedad
            compite con la belleza.
              ¡Qué cansadas soledades!
            ¡Qué gustos tan enfadosos!
            Con razón llaman dichosos
            los que habitan las ciudades.

(Salen un Escudero viejo y don Gutierre.)

Escudero   ¿Dónde vas?

Gutierre	A mi señora doña Inés.
Escudero	Y ¿es bien tomarse licencia, llegar y entrarse?
Gutierre	Impórtame hablarla agora y tengo licencia suya.
Escudero	Y ¿es con azogue en los pies? Espera.
Gutierre (Aparte.)	(Porque el marqués los casamientos concluya, la avisaré del estado en que mis cosas están, y así mis ojos verán mi firmeza en mi cuidado.)
Inés	¿Qué es esto?
Gutierre	¿Señora mía?
Inés	¿Quién sois? ¿Con qué atrevimiento os metéis en mi aposento
Gutierre	Ignorancia fue la mía porque entendí hallar en él quien mejor me recibiera.
Inés	Y ¿quién en mi casa fuera poco honesta y poco fiel?
Gutierre	Mi señora doña Inés,

que me tiene honesto amor,
me recibiera mejor.

Inés   ¿Quién?

Gutierre   La hermana del Marqués.

Inés   Pues ¿a quién estáis hablando?
¿Venís en vos? ¿Estáis ciego?
¿Yo amor a vos?

Gutierre   ¿A qué llego?

Inés   ¿Loco estáis?

Gutierre   ¿Qué estoy mirando?
¿Tiene otra hermana el marqués?
¿Sois vos?

Inés   ¿Qué decís?

Gutierre   ¡Señora!
¿Sin la que el alma adora?
Mi señora doña Inés
   hizo mi suerte dichosa,
hizo un mar de mi alegría,
soy tan suyo y es tan mía,
que trata de ser mi esposa.

Inés   ¡Jesús!

Escudero   Señora, ¿qué tenéis?

Inés   La risa tener no puedo;

pero andad, que tengo miedo
de que en furioso no deis.

Gutierre (Aparte.)   (Ya me mira con igual
enmienda de su desdén.)
Volved a mirarme bien,
trataréisme no tan mal.

Inés (Aparte.)   (¡Buen humor!)

Gutierre   Y a mi señora
doña Inés...

Escudero (Aparte.)   (¡Cuento galano!)

Gutierre   ...le diréis que el valenciano
la espera.

Escudero   ¿No os oye agora
mi señora doña Inés?

Gutierre (Aparte.)   (¡De confuso estoy perdido!)

Inés (Aparte.)   (Y parece bien nacido,
supuesto que loco es.)

(Sale el Marqués.)

Marqués   ¿Qué es esto? ¡Suceso extraño!
(Aparte.)   (Mas prevenido, si puedo,
dando lazos al enredo,
daré fuerzas al engaño.)

Gutierre   ¡Oh, señor Marqués! ¿Aquí?

Marqués	¡Señor mío! ¡Prima mía!
Gutierre	Espero a vueseñoría.
Inés	¿Prima me llamáis a mí, hermano? ¡Válgame Dios!
Marqués	¿Qué dudas? He sospechado que mi prima habrá gustado de entretenerse con vos. Pero por mi hermana ve, logrará vuestra esperanza, con tu licencia, Costanza.

(Vanse el Escudero y el Paje. Hablan Inés y el Marqués aparte.)

Inés	¿Qué es esto?
Marqués	Calla.
Inés	Sí, haré.
Marqués	Conocerás entre tanto, prima, al señor don Gutierre.
Gutierre	Para que de mí destierre esa confusión y espanto.
Marqués	Vuestros intentos sabía mi prima, y tuvo trazada esta burla.
Gutierre	Ya pesada

                           al alma le parecía.

Inés   Y la pasara adelante...
(Aparte.)   (Seguir quiero sus quimeras)
                           si tú ayudarme quisieras
                           con estilo semejante.

Gutierre   Cuando tú quisieras verme
                           de mis engaños gustando,
                           fuera el tratarme burlando,
                           de veras favorecerme.

Inés   Estimo tal cortesía.

(Al oído.)

Marqués   (Favorécele diciendo
                           que es gentil hombre.

Inés   Ya entiendo
                           lo que él callando decía.)
                           Lo que yo con veros quiero
                           es solo haceros saber
                           que en vos me admiro
                           de ver un tan gentil caballero.

Gutierre   Esa merced recibí
                           de muy contento, dudoso.
(Aparte.)   (Muchas veces soy dichoso;
                           todas se mueren por mí.)

(Salen el Escudero y el Paje.)

Escudero   No está en casa mi señora

doña Inés.

Gutierre	Pues ¿dónde está?
Marqués	Otro día lo estará.
Gutierre (Aparte.)	(Sospechoso quedo agora.)
Paje	Don Gonzalo; un caballero...
Gutierre	¿Es mi primo?
Marqués	Espera un poco.
Paje	...quiere hablarte.
Marqués	No te alteres.

Gutierre   Quedaron entre nosotros
disgustos no averiguados;
que impedimentos forzosos,
cuando salimos los tres,
el poder hablarnos solos
estorbaron.

Marqués   Es así;
pero no es razón tampoco
que os encontréis en mi casa.

Gutierre   Ya al respeto me acomodo
que la debo.

Marqués   Por aquí
te ve, pues con esto solo

se excusa el inconveniente
de veros.

Gutierre   Y yo le abono,
pues siempre el obedecerte
será en mí lance forzoso.

Inés (Aparte.)   (¡Qué satisfecho me mira!)

Gutierre (Aparte.)   (Tras mí se la van los ojos.)

(Vase don Gutierre.)

Inés   ¿Qué es esto, hermano?

Marqués   Después
lo sabrás; vete.

Inés   ¿En qué locos
devaneos me has metido?

Marqués   Daréte parte de todos;
vete agora.

Inés   Adiós.

Marqués   Adiós.

Inés (Aparte.)   (Enredos son amorosos.)

(Vase doña Inés. Sale don Gonzalo.)

Gonzalo   Señor marqués, ¿has sabido
quién soy yo?

Marqués	Ya te conozco por principal caballero.
Gonzalo	Tan honrado como todos cuantos al ceñir la espada ponen la boca en el pomo.
Marqués	Yo lo creo.
Gonzalo	Pues agora sígueme, y podremos solos, apurando las verdades, desvanecer los antojos.
Marqués	Que aquí las averigüemos por más útil reconozco; porque si al campo salimos con públicos alborotos, siendo yo el desafiado, volvería vergonzoso no sacando las espadas, aunque sin causa, en mi abono; y pesárame infinito, aunque no por temeroso, porque honestos pensamientos amorosamente pongo en mujer que es sangre tuya. Lugar es secreto y solo éste; declárame aquí lo que te tiene quejoso; y si conformes verdades tú preguntas, yo respondo, no quedando rastro alguno

de obligaciones ni enojos,
podremos quedar los dos,
y si no, en el campo solos,
con la ventura del uno
verán la muerte del otro.

Gonzalo   Dices muy bien; y así, digo
que descompuesto y furioso,
a la casa de mi tío
hoy le perdiste el decoro
y el respeto a una mujer
que es mi prima, y a mí y todo,
diciendo, presente yo,
arrogancias que me corro
de referirlas.

Marqués   Escucha:
¿disparates de un celoso
tienes por culpas, amigo,
teniendo disculpa un loco?
¿A un amante se la niegas,
con celos lebrel rabioso,
tigre fiero, áspid pisado,
león pardo, bravo toro,
monte que levanta ofensas,
mina que revienta enojos,
volcán que fuego vomita,
centro que exhala demonios?
Si en tu prima, que es mi cielo
—cuyos amores adoro—
honrados servicios premio
y honestos favores gozo,
cuando la vi en casa tuya,
¿fue mucho, atrevido y pronto

morder la razón el freno
y dar la rienda al enojo?
Y si tras aquel suceso,
con estilo milagroso,
me envió disculpas suyas,
tan del alma, que las lloro,
en su ofensa arrepentido,
¿será mucho si conformo
tu voluntad con la mía,
y me sujeto y me postro
a ti, por ser primo suyo,
aunque sin razón quejoso,
pudiendo estarlo de ti,
cuya mudanza fue asombro,
pues ya de doña Mencía
siendo prometido esposo,
cuando, en esta confianza,
aquella luz de estos ojos
te señaló para suyo,
suponiendo que piadoso
no la admitieras, y así
dejara a su padre en todo
satisfecho, y no ofendido,
tú, inconstante y engañoso,
lo admitiste acelerado,
dejando a un ángel hermoso
el peso de esta desdicha
en el alma y en los hombros?

Gonzalo   Jamás en mi pecho engaño
hubo, Marqués; oye, pongo
todo el cielo por testigo
verdadero y poderoso.
Yo adoro a doña Mencía,

como las parras al olmo,
como los indios al Sol
y los avaros al oro;
mas díjome don Gutierre,
que de necio pasa a loco,
que tú casabas con ella,
y él con tu hermana, y yo formo
de esto con razón agravios,
y a vengarlos me dispongo,
tomando en doña Brianda
un sí que fuera dichoso
a no haber en cuatro amantes
tan conocidos estorbos.

Marqués   Vio a mi hermana don Gutierre,
que con ojos amorosos
debió mirarle al descuido,
y estos efectos y otros
fundarían en su idea
disparates tan costosos.

Gonzalo   Presto los he conocido.

Marqués   Cuando no, el suceso propio
pudiera desengañarte;
con razón amigos somos.

Gonzalo   Y por tu gusto y por mí,
que a mis pensamientos torno,
de no ofender tus intentos
doy palabra.

Marqués   Y yo la tomo.

Gonzalo	Procurando con mi tío que no me sirva de estorbo la palabra que le di.
Marqués	Comuniquemos el cómo con los nortes que nos guían.
Gonzalo	Vamos presto; que es forzoso correr eso por mi cuenta.
Marqués	Y por la del cielo y todo. ¡Ay, Brianda de mi vida!
Gonzalo	¡Ay, Mencía de mis ojos!

(Vanse y salen doña Brianda y doña Mencía.)

Mencía	Yo quedo bien satisfecha de lo que estuve quejosa.
Brianda	Y yo muero temerosa, con pesar y con sospecha de lo que habrá sucedido cuando salieron de aquí, porque a todos tres los vi del uno el otro ofendido.
Mencía	Descuido notable fuera ver daño en cualquiera; ¡ay, Dios!, descuido fue de las dos no enviar quien los siguiera.
Brianda	Lucía se puso el manto y fue a decirle al marqués

disculpas mías.

Mencía   ¿Y pues?

Brianda   De lo que tarda me espanto.
                     ¡Qué de males, prima mía,
                 causa el loco devaneo
                 de tu hermano!

Mencía   Ya lo veo;
                 pero ¿en qué lo fundaría?

Brianda   En su ciega inclinación
                 de estrella tan peregrina,
                 que lo mismo a que le inclina,
                 da por hecho en su opinión.

Mencía   ¡Qué de pesares nos dan
                 sus confusiones y engaños!

Brianda   ¡Que a costa de nuestro
                 daños en terrible punto están!

Mencía   Pues hasta aquí sus extremos
                 bien se pudieran sufrir;
                 en lo que está por venir
                 los temo.

Brianda   ¡Ay, prima!, ¿qué haremos?

Mencía   Ya tengo determinado
                 de hablar claro con mi tío,
                 y de don Gonzalo y mío
                 contarle el amor pasado,

y dando fuerza al valor,
entre el llanto y las razones,
diré sus obligaciones,
que se atreven a mi honor;
    que siendo tan justo y sabio,
si mis desventuras ve,
¿cómo es posible que dé
libre camino a mi agravio?

Brianda   Yo, aunque pierda el respeto,
no verá humana esperanza,
en mi firmeza mudanza,
ni en su voluntad efeto;
    primero seré arrojada,
tras el rigor de mi estrella,
de esta casa, y cuando en ella
viese la puerta cerrada,
    por las ventanas saldría
volando, que no son malas
de mi corazón las alas
para darle al alma mía;
    y cuando no fuese así,
sus paredes ofendidas,
de mi llanto enternecidas,
derribaré sobre mí.

Mencía   Basta, mi prima; no llores.
Buscaremos otros medios;
que no sirven de remedios
los llantos ni los temores;
    y pues tan conformes son
tu propósito y el mío,
ya para hablar con mi tío
voy a esperar ocasión;

y no desconfíes, no,
de que ha de ser tu consuelo.

(Vase doña Mencía.)

Brianda   Ve, prima, y détele el cielo,
como te lo diera yo.
  Viendo en mi amorosa llama
tan constantes pareceres,
¿quién no alaba las mujeres?
¿Quién las mujeres infama?
  Con pasión debe entenderlo
el que no sabe entender
que es un monte una mujer
si se determina a serlo.

(Sale Lucía con manto.)

Lucía   Cansada vengo.

Brianda   ¿Qué has hecho,
Lucía, que te has tardado?

Lucía   Hablé al marqués, y ha quedado
de tu valor satisfecho,
  y hasta dejarle en su casa
no le dejé de los ojos.

Brianda   ¿Hubo ocasiones de enojos?

Lucía   Oye, y sabrás lo que pasa.

(Salen don Gutierre y Tadeo.)

Gutierre   Algo sospechoso quedo,
                  con venir desengañado.

Tadeo (Aparte.)   (Ésta es Lucía, yo he dado
                  al través con el enredo.)

(Pónesele la capa delante.)

Gutierre   Quita, ¿qué haces?

Tadeo   ¿Señor?

Lucía   Don Gutierre; ¡ay cielo santo!
                  ¿Qué haremos?

Brianda   Cúbrete el manto.
                  No te vayas; que es peor.

Gutierre   ¿Por qué la capa me pones
                  delante? Quita, ¿estás loco?

Tadeo (Aparte.)   (Si me escapo, no haré poco,
                  de palos o mojicones.)

Gutierre   ¿Señora?

Tadeo (Aparte.)   (Ayúdeme Dios.)

Brianda   Bien hace en hacerlo así,
                  pues quizá, viéndome a mí,
                  tiene vergüenza por vos.

Gutierre (Aparte.)   (Como se ve despreciada,
                  está ofendida. Y ¿de qué

la he de tener? No lo sé.)
¡Pero señora embozada,
    esperad!

(Va a descubrirla.)

Brianda   Estáis extraño;
¡qué cortesía tan poca
es la vuestra!

Gutierre   Éste me toca
para cierto desengaño.
    Perdonadme.

Brianda   Estad, por Dios.

Tadeo   ¡Qué mal conocéis su antojo!
Si le miran con un ojo,
hasta descubrir los dos,
    es imposible parar,
o morir en la demanda.

Lucía (Aparte.)   (Pues tan importuno anda
otra vez lo he de engañar.)

(Descúbrese el manto.)

Tadeo (Aparte.)   (¡Perdido soy!)

Gutierre   ¡Cielo Santo!
De confuso pierdo el seso.

Brianda (Aparte.)   (Gustara de tal suceso,
si no me costara tanto.)

Lucía   Con causa estáis suspendido,
pues por la vuestra, señor,
ha llegado a estos extremos
mi honesta reputación,
medrosa y mal informada
de lo que pasaste hoy,
porque desnudos aceros
mudos pregoneros son.
Oyendo que procedía
vuestra indecisa cuestión
por causa de una mujer,
imaginé que era yo,
con razón, por haber visto
el marqués para con vos
en el alma y en mis ojos
tan grande demostración,
y sabiendo que venía
con enojo y con rigor
a mi presencia, temí
su indomable condición;
no por guardar esta vida,
que es vuestra, mas porque no
aventuréis el perderos,
que es la desdicha mayor.
De una criada tomé
este vestido mejor,
para no ser conocida
de la gente que me vio;
volando por esas calles,
hasta llegar donde estoy,
a los pies de vuestra prima,
que es mi propio corazón.
Cuando entraste, esperaba

más soledad y ocasión
de tener menos vergüenza;
pero ya que me obligó
el darme vos tanta prisa,
me descubrí, porque doy,
segura, tan buen lugar
a Tadeo en mi opinión,
que ha de quedar con los tres
el secreto de los dos.
Amparadme, pues que tiene
tanta disculpa mi amor,
en vos tan bien empleado,
como gentil hombre sois.

Gutierre   No podrán, señora mía,
acompañando mi voz,
ni la tierra con sus plantas,
ni con sus rayos el Sol,
ni el cielo con sus estrellas,
aunque el Supremo Hacedor
a todos les diera lenguas,
como les da admiración,
publicar mis alegrías,
y encarecer la razón
por quien, puesto a vuestros pies,
mil veces dichoso soy.
Cuando hallé que en vuestra casa
faltábades, ya me dio
mil pronósticos el alma,
entre regalo y temor.
Mi prima y amiga vuestra,
pues a su cargo tomó
el serviros y ampararos,
podrá hacerlo mientras voy

a dar cuenta de estas glorias
a mi tío; que pues son
tan honradas, que por mí
empleará su valor.

Brianda   Esperad.

Gutierre   Cosas tan grandes
no consienten dilación.

(Vase don Gutierre.)

Tadeo   Loco está. ¡Jesús mil veces!

Brianda   Y confusa quedo yo.

Tadeo   ¿Trazarán muchos demonios
tan temeraria invención?
Vislumbre de rayo ha sido,
que en un punto nos dejó
atónitos y confusos.

Brianda   Dirále cuánto pasó
a mi padre; ¿en qué me pones?

Lucía   Salí de mi obligación
con sacaros de este aprieto;
lo demás hágalo Dios.

Brianda   Probaré si cuerdamente
con nueva imaginación
suspenderé su esperanza.

(Vase doña Brianda.)

Lucía	Locura, dirás mejor.
Tadeo	¡En grande peligro estamos Lucía!
Lucía	Pues di, ¿qué haremos, Tadeo?
Tadeo	Pereceremos, Lucía, si no picamos; mi amo me ha de moler, si nuestros embustes sabe.
Lucía	No dudo yo que me acabe mi viejo; mas ¡soy mujer! ¿Adónde iré, siendo tal?
Tadeo	Donde yo vaya también; que a fe que te quiero bien.
Lucía	Y yo no te quiero mal; mas, ¿dónde me llevarás?
Tadeo	Donde nos guíe una estrella.
Lucía	Advierte que soy doncella.
Tadeo	Pero en el nombre no más.
Lucía	Bueno es eso; en ocasión que convenga a mi entereza yo probaré mi limpieza con bastante información.

Tadeo	¿Y,¿será para tomar, pasada la pesadumbre, el hábito o la costumbre tan fácil de profesar?
Lucía	¿Eso dices?
Tadeo	Eso digo, porque poco satisface, y una prueba que se hace con solo un falso testigo.
Lucía	Honrada soy.
Tadeo	¿Puede ser aquí dos veces criada?
Lucía	Donde quiera, si es honrada, sabe serlo una mujer.
Tadeo	Luego, ¿podrás serlo mía?
Lucía	Si puedo; y placiendo a Dios, santos seremos los dos que caeremos en un día.

(Sale don Gutierre a la puerta.)

Gutierre	Mientras mi tío ocupado.
Tadeo	Yo soy tuyo.
Lucía	Yo soy tuya.

123

(Abrázanse Tadeo y Lucía.)

Gutierre   ¿Qué habrá que no me destruya?

Tadeo   Vamos.

(Vanse Tadeo y Lucía.)

Gutierre   ¡Sin alma he quedado!
         ¿Qué he visto? ¡Ay cielo! ¡Extrañas confusiones!
      ¿Son cosas sucedidas, o soñadas?
      ¿Cuerpos vivos? ¿Fantásticas visiones,
      burlas dudosas, veras apuradas,
      seguros daños, vanas ilusiones
      ya en mi locura por mí mal fundadas?
      ¿Soy yo, yo, en mi ciega fantasía?
      ¿Son las tinieblas luz? ¿La noche es día?
         Mas, ¿por qué, deslumbrado y temeroso,
      lo que vieron mis ojos pongo en duda?
      No es dudosa la luz del Sol hermoso,
      ni se oscurece la verdad desnuda.
      Con gusto tan villano, y vergonzoso;
      mujer es quien me afrenta y quien se muda.
      ¡Y yo en tan grande injuria, es lo más cierto
      que por ser desdichado no estoy muerto!
         ¿Quién vio en una mujer un apetito
      tan vilmente a sus ojos empleado?
      ¿Quién le ha visto soñado? ¿Quién escrito?
      ¿Y quién pudiera verle imaginado?
      ¿Hará por mí la fama su delito
      público al mundo en tiempo limitado,
      para que no olvide con infausto lloro
      las dos que amaron el Caballo y Toro?

¡Cielo! ¡En una mujer tan vil despojo!
Cuando prendada de mi amor venía,
¿qué demonio infernal la dio el consejo?
¿Hombre tan bajo en competencia mía?
¿Si me engañó la Luna del espejo?
¿Fue imposible engañarse cada día
tantos espejos vivos? ¿Tantos ojos
que me rindieron almas por despojos?
    ¿No tuvieron por mí amantes desvelos
viudas, libres, casadas y doncellas?
Cielos, pues que miráis mis desconsuelos,
responded, respondedme a mis querellas.
¿Para mirarme a mí no vistes, cielos,
lucir a mediodía las estrellas,
y darles su lugar el Sol hermoso,
no sé si comedido o vergonzoso?
    Pues, ¿cómo una mujer, otra Lucrecia,
al parecer, en casta y bien nacida,
cuando tan bien mis partes mide y precia,
que se arroja tras mí ciega y perdida,
con un lacayo así lasciva y necia,
mi amor ofende y de quien es se olvida?
¿Si todo fue ficción? Mas, cielo santo,
¿cómo es posible que me engañe tanto?
    ¡Ah falsas! ¡Ah enemigas regaladas!
¡Ah, mujeres! ¿A mí tales enojos,
a quien siempre adoró vuestras pisadas?
¿A este pacto común de vuestros ojos,
todas en una con razón culpadas,
en vez de amantes célicos despojos,
esto le dais por tálamo en sus bodas?
¡Fuego, fuego cruel abrase a todas!
    Loco estoy, ciego estuve. ¡Ay cielo mío!
¿En qué vino a parar mi confianza?

¿Y dónde parará mi desvarío
si no doy al agravio mi venganza?
Pues mi propio valor me infunde brío
para la ejecución de esta esperanza,
ivive Dios que han de ver, pues peno y rabio,
primero mi venganza que mi agravio!

(Sale Tadeo, y don Gutierre saca la daga y cierra con él.)

Tadeo   La noche oscura espero solamente
                      para picar de casa con Lucía.

Gutierre   iInfame, vil!

Tadeo   Señor, espera, tente.

Gutierre   ¿Tú a doña Inés, traidor? ¿Tú a cosa mía
                  te atreves?

Tadeo (Aparte.)   (Él nos vio; que habrá que cuente
                  para...)

Gutierre   Acaba, ¿no dices?

Tadeo   Sí, diría.
                  Sí, ¿Qué diré? Mas tu rigor me amaga,
                  y me vas a la lengua con la daga.
                      Sosiégate, oh cautela bien venida,
                  para volver en mí con pies de plomo
                  vea la daga yo queda y vestida,
                  y tú verás en mi verdad, el cómo
                  me matas sin razón.

Gutierre   Ya te doy vida

por un rato no más.

Tadeo   Y yo la tomo,
como prestada de tu hidalgo pecho,
hasta dejarte en todo satisfecho.
   Por aquellos resquicios una dueña
vio a doña Inés cuando conmigo hablaba,
de quien tuvo sospecha no pequeña;
que si la conocía la obligaba.
Hízome con los ojos una seña,
y viéndola que entonces acechaba,
quisimos dar con nuevo fingimiento
el disfraz del vestido al pensamiento.
   Y así, para que oyera, y se engañara,
que era cosa tan mía, que mi esposa
la llamaba, lo hice, y cosa es clara
que una mujer tan principal y hermosa,
aunque fuera mi amante, no tratara
de ser esposa mía; y justa cosa
será que mi verdad de esto se arguya,
y más viniendo muerta a serlo tuya.

Gutierre   Tienes razón, por Dios; ciego y turbado
me pude persuadir un imposible.

Tadeo (Aparte.)   (¡Con qué facilidad le persuado!)

Gutierre   ¡Que aún crédito no diera a lo visible,
si viera la grandeza de su estado!
Perdóname, Tadeo.

Tadeo   Eres terrible;
cuando yo por servirte, si me toca,
voy vomitando el alma por la boca.

Gutierre	Vete; que viene mi tío.
Tadeo	No me hables de esto; el por qué sabrás después.
Gutierre	No podré ser dueño de mi albedrío.
Tadeo (Aparte.)	(De buena escapé; y si llego a ver fenecido el día, procuraré con Lucía tomar las de Villadiego.)

(Vase Tadeo. Sale don Pedro.)

Pedro	Don Gonzalo me dirá de todo cuanto pasó cuál fue la causa, aunque yo pienso que la alcanzo ya.
Gutierre	Del no haberte obedecido escucha disculpas mías, señor, y en mis alegrías mira un Sol recién nacido. Ya la hermana del marqués, esta mujer milagrosa, es mi esposa.
Pedro	¿Vuestra esposa?
Gutierre	Y luz de mis ojos es.
Pedro	¿Cómo, con tal brevedad?

Gutierre	Dicha fue mía, señor,
	y es como rayo el amor,
	que abrasa la voluntad;
	apenas recién venido,
	tales, por mis dichas, son
	mis partes, que mi opinión
	pudo llegar a su oído.
	Quiso verme, y sabedor
	de esta dicha, vi a su hermano,
	que, como gran cortesano,
	me hizo tan gran favor,
	que me dio luego lugar
	de que la viera y hablara,
	dando ocasión en su cara
	para morir y matar.
	Quedó prendada de mí,
	y obró tanto su cuidado,
	que con paso acelerado
	vino a buscarme.
Pedro	¿Aquí?
Gutierre	Aquí, donde espero tu favor,
	pues tan poderoso es
	contra el poder del marqués,
	que en efecto es gran señor.
Pedro	Sobrino, estáisme contando
	cosas, que por Dios, que entiendo
	que yo las oigo durmiendo,
	o vos las soñáis velando.
Gutierre	Aunque este bien por extraño

parece incierto, yo soy
tan dichoso, que te doy
a la vista el desengaño.
    Ven, y a doña Inés verás
que mi prima con cuidado,
en su pecho y a su lado
la guarda.

Pedro   No digas más;
                ¿que en efecto no es locura?

Gutierre   No es sino dicha.

Pedro   ¿Eso pasa?
Todo el honor de esta casa
habéis puesto en aventura;
    bien por Dios, buena querella
defendemos.

Gutierre   ¿No lo es?

Pedro   Favoréceos el marqués
en su casa, y vos en ella,
    con amistad más traidora,
que os ciega vuestra pasión,
le habéis pagado; así son
las amistades de agora,
    entrar amigablemente
en casa el mayor amigo
con entrañas de enemigo,
o el más cercano pariente,
    y luego en ella poner
los ojos con fe liviana,
cuando menos en la hermana,

en la hija o la mujer.
    Y el que sale satisfecho
de su amoroso interés,
publicándolo después,
se precia de haberlo hecho,
    y con necia bizarría,
hace, y con vil corazón
de la villana traición
pomposa caballería,
    sin mirar que la vileza
deslustra la calidad,
porque la fidelidad
es el Sol de la nobleza.

Gutierre   Señor, si las intenciones
tratos maridables son,
si es engaño, no es traición.

Pedro   Los engaños son traiciones;
    fíase el otro de vos,
y el casaros sin su gusto
con su hermana, ¿será justo,
siendo engaño? Bien, por Dios;
    hacer falsas amistades,
¿es cosa de caballeros?
Bien lucirán los aceros,
si oscurecen las verdades.
    ¿Por ventura el engañar
un caballero vilmente
es cosa perteneciente
al oficio militar?
    ¿A qué famosa jornada
sirviendo a su rey se aplica?
¡Qué diestro trazar de pica!

¡Qué bravo blandir de espada!

Gutierre   ¡Señor!

Pedro   Callad, y tened
vergüenza de un pensamiento
tan bajo, y en mi aposento
os retirad, y esconded
   mientras yo pensando estoy
contra este daño algún modo
de proceder.

Gutierre   Si no en todo,
en parte corrido estoy.

(Vase don Gutierre.)

Pedro   ¡Oh edad dichosa, en quien de la esperanza
jamás se vio a la fe opuesta la duda,
porque era entonces la verdad desnuda
espejo de la humana confianza!
   ¡Ni cuándo en la amistad hubo mudanza,
dejó la competencia puesta en duda,
ni tuvo el tiempo la paciencia muda,
mientras clamó el agravio a la venganza!
   Ya agora el más repúblico y más grave
de lisonjas y engaños se previene,
para pagar las honras que recibe;
   habla de ciencias el que no las sabe,
blasona de valor quien no le tiene,
y honras sustenta quien de afrentas vive.

(Sale doña Mencía.)

132

Mencía   A tus pies vengo afligida,
tío, señor, aunque padre,
pues en las obras lo eres,
es más justo que te llame.
Impídeme la vergüenza.
¿Si nos oyen? A esta parte
escucha mis desventuras,
perdona mis libertades.
Don Gonzalo y yo, señor,
como en casa de su madre
nos criamos igualmente,
y en tal iguales edades,
fueron tan unos los gustos,
siendo tan una la sangre.
Tiernamente nos quisimos
con entrañas semejantes,
y crecieron con los años
obligaciones tan grandes,
que pasaron nuestro amor
a extremos tan importantes,
que pueden, señor, agora
suspenderme y obligarme
a que afligida los sienta,
y vergonzosa los calle.
Dióme palabra de esposo,
y niégamela, por darte
gusto a ti, que le has mandado
que con tu hija se case.
Señor, si es tu sangre mía,
mira mejor lo que haces,
pues también mi honor es tuyo,
y en tu nombre perderáse,
si yo quedase perdida.
Mi justicia Dios lo sabe,

y a don Gonzalo, que viene,
le pregunta estas verdades.

Pedro   ¿Quién vio tales confusiones?
                             Pienso que serán bastantes
                             para acabarme una vida
                             ya tan cerca de acabarse.
                             Oíd, sobrino.

(Sale don Gonzalo.)

Gonzalo   Señor.

Pedro   ¿Miráis entre los cristales
                             de estas lágrimas que veis
                             alguna cosa importante
                             a nuestro honor? Hablad claro
                             pues ellas tan claras salen.

Gonzalo   Ni yo desmentiros puedo,
                             ni es justo, señor, negarte
                             lo que le debo a mi prima;
                             mil créditos puedes darle.

Pedro   Y el no decírmelo a mí,
                             ¿no habrá sido disparate?
                             ¿Para qué le hiciera yo
                             deslumbrando de ignorante?

(Sale el Marqués.)

Marqués   Solo, señor, con un hombre
                             de tu experiencia y tus partes
                             pudieran usar las mías

de llaneza semejante,
y a tu valor y a tus pies
atreverme, y humillarme,
dando el alma a los deseos
y la boca a las verdades.
Óyeme piadosamente,
sin ofenderte y turbarte;
que los yerros amorosos,
si no afrentan, aunque maten,
quien los siente los perdona,
pues los dora quien los hace.
Yo, señor, desde aquel día
tan dichosamente amable,
pues que pudo hacerle cielo
en esta tierra aquel Ángel,
hija tuya y dueño mío,
y honor de las tres edades,
ha que adoro su hermosura,
a la del Sol semejante.
Vila, vióme, y fue de suerte,
que pienso que en un instante
a recibirse en los ojos
salieron las voluntades.
Creció nuestro amor por puntos,
imira en dos años cabales,
y en dos tiernos corazones,
si habrá llegado a ser grande!
Y considera después,
más advertido, y más padre,
si es cosa, señor, que pueda
compadecerse y llevarse;
que tu hija, siendo mía,
ponga el gusto en otro amante,
en otra mano la palma,

y la dicha en otra parte.
A mí me le da, señor,
pues podré a tus nietos darles,
para crecer, tu valor,
lustre antigua y limpia sangre;
y mi hacienda y mis estados
ya es conocida, ya saben
su estimación y grandeza
del mundo en las cuatro partes.
Y si en los inconvenientes
que en otra ocasión topaste
reparas agora, yo
te ofrezco, porque se allanen,
de que en mi segundo hijo
será mayorazgo aparte,
el de tu estado y tu hacienda,
por quien podrá tu linaje
en tu nombre y en tu tierra
preferirse y dilatarse.
Y si Dios fuere servido
en doña Brianda darme
un hijo no más, que solo
nuestras casas heredase.
Ese pondrá tu apellido,
aunque es la mía más grande,
señor, en primer lugar.
Y si te fuese importante
que yo mude el nombre mío,
blasones y calidades,
el gusto, el alma, y el ser
por servirte y contentarte,
si es posible, lo haré yo;
pero en cambio de esto, dame
a tu hija, que es mi gloria,

o entre mis penas mortales
me verás muerto a tus pies,
que por ello he de besarte.

Pedro   Señor marqués, ya es correrme
                 tal género de obligarme.

(Aparte.)   (En punto están estas cosas,
                 que me obligan a que allane
                 por este camino solo
                 las demás dificultades.)
                 Señor, no estoy tan caduco,
                 que no entienda que es honrarme
                 el emparentar conmigo
                 personas tan principales;
                 si lo excusé, ya la causa
                 sabréis, mas agora haráse
                 pues esos inconvenientes
                 gustáis los dos que se allanen.
                 Pero, con vuestra licencia,
                 quiero suplicaros antes,
                 perdonéis a don Gutierre
                 un atrevido dislate,
                 pues los yerros amorosos
                 ya vos los calificastes
                 por tan dignos de perdón.

Marqués   Para todo seréis parte,
                 pues yo soy del todo vuestro.

Pedro   ¿Sobrino?

(Sale don Gutierre.)

Gutierre   ¿Señor?

Pedro	Besadle
	la mano al marqués.

Gutierre	La boca
	pondré a sus pies.

Marqués	Abrazadme.
(Aparte.)	(¿Qué puede haber sucedido?)

Gonzalo	¿Qué es aquello?

Mencía	Ellos lo saben.

Pedro	Y vos decidle a Brianda
	que salga, y consigo saque
	mi señora doña Inés.

Gutierre	Donde su nieve me abrase.

Gonzalo	Ya mi prima viene allí.

(Sale doña Brianda y uno de los criados que salieron al principio con don Pedro, que traen a Tadeo y Lucía, vestidos de camino ridículamente.)

Criado	Con estos dos que escaparse
	quisieron con tanto miedo,
	que a traerlos me obligase.

Lucía	Perdidos somos, Tadeo,
	alegraremos las calles.

Tadeo	Ya me parece que escucho:
	«Quien tal hace, que tal pague.»

Gutierre	No hay que recelar, señora; llegad, llegad, que ya sabe vuestro hermano que sois mía.
Pedro	Sobrino, ¿es burla, es donaire de los vuestros?
Gutierre	No, señor. Mi señora,
Pedro	Andad, dejadme; ridículas son, por Dios, vuestras cosas, ¡qué os engañen de esa suerte! ¿No sabéis que ésa que tenéis delante es Lucigüela...
Lucía	¡Ay de mí!
Pedro	...mi criada?
Gutierre (Aparte.)	(¡Duro trance! Rabiando estoy, de corrido; mas, para después vengarme, disimular quiero agora.)
Tadeo (Aparte.)	(Él me mira; mataráme.)
Marqués (Aparte.)	(Apenas tengo la risa.)
Brianda (Aparte.)	(Enojado está mi padre.)
Mencía (Aparte.)	(Sentirá los desvaríos

139

de mi hermano.)

Gonzalo   Dan pesares.

Marqués   La que allí viene es mi hermana,
                 a quien, para que llegase
                 a tiempo, previne yo.

(Sale doña Inés y toda la compañía.)

Pedro   Como ser bien, no llega tarde.

Brianda   Seas mil veces bien venida.

Inés   Mis señoras, perdonadme
                 el no hacer esto agora.

Tadeo   Lucía, ¿si se olvidasen
                 de nosotros?

Lucía   Plegue a Dios.

Inés (Aparte.)   (Ya se dispone a mirarme.)

Gutierre (Aparte.)   (Pues me mira, cosa es cierta
                 será de mí enamorarse,
                 y comenzarán las veras
                 porque las burlas se acaben.)

Pedro   Marqués, porque estos sucesos
                 en dichosos fines paren,
                 don Gonzalo con su prima
                 a su tiempo casaráse.

Gonzalo	¿Vendrá la dispensación?
Mencía	No menos que por los aires.
Pedro	Y vos honrad esta casa; a doña Brianda dadle la mano y la fe de esposo.
Marqués	Suma gloria.
Brianda	Dicha grande.
Lucía	Y tú y yo, ¿no nos casamos?
Tadeo	Ya lo estamos; toca, baste.
Pedro	Don Gutierre, pues tan ciego, tan desvanecido y fácil, de sí mismo se enamora, con su parecer se case.
Gutierre	No seré menos dichoso por ello y con no casarme. Del Narciso en su opinión aquí la comedia acabe.

Fin de la comedia

Libros a la carta

A la carta es un servicio especializado para
empresas,
librerías,
bibliotecas,
editoriales
y centros de enseñanza;
y permite confeccionar libros que, por su formato y concepción, sirven a los propósitos más específicos de estas instituciones.

Las empresas nos encargan ediciones personalizadas para marketing editorial o para regalos institucionales. Y los interesados solicitan, a título personal, ediciones antiguas, o no disponibles en el mercado; y las acompañan con notas y comentarios críticos.

Las ediciones tienen como apoyo un libro de estilo con todo tipo de referencias sobre los criterios de tratamiento tipográfico aplicados a nuestros libros que puede ser consultado en Linkgua-ediciones.com.

Linkgua edita por encargo diferentes versiones de una misma obra con distintos tratamientos ortotipográficos (actualizaciones de carácter divulgativo de un clásico, o versiones estrictamente fieles a la edición original de referencia). Este servicio de ediciones a la carta le permitirá, si usted se dedica a la enseñanza, tener una forma de hacer pública su interpretación de un texto y, sobre una versión digitalizada «base», usted podrá introducir interpretaciones del texto fuente. Es un tópico que los profesores denuncien en clase los desmanes de una edición, o vayan comentando errores de interpretación de un texto y esta es una solución útil a esa necesidad del mundo académico.

Asimismo publicamos de manera sistemática, en un mismo catálogo, tesis doctorales y actas de congresos académicos, que son distribuidas a través de nuestra Web.

El servicio de «libros a la carta» funciona de dos formas.

1. Tenemos un fondo de libros digitalizados que usted puede personalizar en tiradas de al menos cinco ejemplares. Estas personalizaciones pueden ser de todo tipo: añadir notas de clase para uso de un grupo de estudiantes, introducir logos corporativos para uso con fines de marketing empresarial, etc. etc.

2. Buscamos libros descatalogados de otras editoriales y los reeditamos en tiradas cortas a petición de un cliente.

www.ingramcontent.com/pod-product-compliance
Lightning Source LLC
LaVergne TN
LVHW091221080426
835509LV00009B/1104